ENEMIGO
LLAMADO
PROMEDIO

Reynalda

Nacistes para Triunfar
Tu eres Especial para
Dios.
Tu Puedes
Dios Te Vendiga
Bien Ruiz

Prólogo

Hace algunos años un investigador decidió descubrir el secreto del éxito. Después de meses de estudio e incontables entrevistas, finalmente se dio por vencido. «No hay secreto», dijo, «todo radica en el arduo trabajo. Se debe trepar la escalera hacia el éxito, no subir en ascensor».

La persona de éxito es quien emprende lo que el promedio no hace. El promedio no es más que estar en la cumbre del fondo.

Pensar, creer y hablar indebidamente conduce siempre a una vida infeliz, mediocre e improductiva.

Para pensar en el éxito, ser mejor, creer en grande y esforzarse por estar encima del promedio, usted debe desarrollar la clase adecuada de actitud mental.

A usted lo han programado para ser negativo, para no creer, para ser escéptico. Sin embargo puede cambiar. Con el sencillo cambio de actitud esa experiencia negativa, las desventajas, se puede transformar en positiva y a favor.

William James dijo: «El más grande descubrimiento de mi generación es que los hombres pueden cambiar sus circunstancias, modificando su actitud mental.

Enseñamos a cambiar esos pensamientos innovando lo que recibimos. Lo que entra debe salir. Usted controla el futuro porque tiene el poder de controlar sus pensamientos.

Hay quienes dicen que el éxito es sólo una decisión. En principio esto es verdad. Sin embargo, esta decisión se debe respaldar con un esfuerzo constante.

Hoy día en este país una persona con actitud de ganador cuenta con ochenta por ciento de los resultados. Es sorprendente que las cifras no cambien de año en año. Permanecen casi iguales. Veinte por ciento de las personas obtienen ochenta por ciento de los resultados, y ochenta por ciento logra el veinte por ciento de ellos. Esto no es mucho si usted se da cuenta de que estas cifras no han cambiado en los últimos veinticinco años.

Su crecimiento potencial, el rendimiento de su inversión, las recompensas en proporción a sus esfuerzos y su independencia personal están limitados sólo por su visión y su deseo. De por sí esto lo coloca por encima del promedio.

¡Así que entusiásmese! Tiene mucho por qué emocionarse. Dios lo creó a semejanza suya, y lo dotó de talentos y habilidades específicos. A medida que usted desarrolle esos aspectos de su vida y los use para ayudar a otros, no tendrá que preocuparse de estar sobre el promedio. Habrá conquistado ese enemigo.

Dexter R. Yager (padre)

UN ENEMIGO LLAMADO PROMEDIO

«John ha escrito principios que ha aplicado diariamente en su vida. Usted se fortalecerá cuando lea este libro».

Billy Joe Daugherty, pastor del Victory Christian Center, Tulsa, Oklahoma

* * *

«Estas gemas pueden cambiar su vida. Aplique una cada semana y encontrará una dimensión más elevada en su camino espiritual».

Carlton Pearson, pastor del Higher Dimensions Evangelistic Center, Tulsa, Oklahoma

* * *

«Su libro, *Un enemigo llamado promedio*, es un estímulo desafiante y animador para que los creyentes dejen atrás la vida cristiana mediocre y se «lancen» a vivir para Cristo».

Doctor James Kennedy, ministro senior, Coral Ridge Presbiterian Church, Fort Lauderdale, Florida

* * *

«Creo que el mensaje cristiano junto al buen sentido de su mensaje de negocios significan una contribución diferente y valiosa».

Art Linkletter, escritor y animador

* * *

«Pienso que es un libro eficaz».

Jamie Buckingham, escritor y pastor

* * *

«John, realmente diste en el blanco con tu excelente libro,

Un enemigo llamado promedio. La mediocridad está plagando los negocios, el ministerio y el desempeño personal. Con sus capítulos concisos tu libro ayuda a romper este ciclo, y a proveer dirección positiva y discernimiento a cualquier organización o individuo. ¡Felicitaciones por un libro verdaderamente destacado!»
    Van Crouch, escritor y presidente de
    Van Crouch Communications

* * *

«Este es un libro sencillo pero profundo. Una guía práctica que todos deben leer para ser personas activas».
    John L. Meares, obispo de Evangel Temple
    Washington, D.C.

* * *

«Lo he leído en mis viajes y he disfrutado profundamente lo que dices. Pedí copias de tu libro, y las estoy enviando a los ministros que nos apoyan como obsequio de mi parte. En verdad el Señor te ha dado la «pluma de un escritor ágil».
    Dick Mills, escritor y ministro

* * *

«Descubrí que invita a pensar, es impresionante e inspirativo. Estamos contigo en tu guerra contra la mediocridad».
    Morris Cerullo, presidente de
    Morris Cerullo Ministries/Inspirational Network

* * *

«Gracias por animarnos a ser lo mejor que podamos para Cristo».
    Tony Campolo, escritor e instructor

***

«Creo que será útil para muchos dentro del pueblo de Dios».
    B.J. Wilhite, presidente de National Prayer Embassy

UN ENEMIGO LLAMADO PROMEDIO

JOHN L. MASON

BETANIA

Un Sello de Editorial Caribe

© 1996 EDITORIAL CARIBE
Una división de Thomas Nelson
P.O. Box 141000
Nashville, TN 37217, U.S.A.

Título del original en inglés:
An Enemy Called Average
© 1990 por John Mason
Publicado por John Mason

Traductor: Guillermo Vázquez

ISBN: 0-88113-326-4

Impreso en EE.UU.
Printed in the U.S.A.

8ª Impresión
www.caribebetania.com

CONTENIDO

Segunda parte: Una mirada al exterior

DEDICATORIA

Tengo la satisfacción de dedicar este libro a mi bella esposa Linda, y a nuestros cuatro maravillosos hijos: Michelle, Greg, Mike y David.

A Linda, por su firmeza y amor;

a Michelle, por su creatividad y entusiasmo;

a Greg, por su perseverancia paciente y deseo de ayudar;

a Mike, que a través de su amor de niño me recuerda cómo debemos amar al Padre;

a David, quien como bebé mantiene siempre mi perspectiva en su punto.

Sin su apoyo, ayuda, ánimo, sentido del humor y oraciones, este libro todavía estaría ocupando su lugar entre los variados y diversos archivos de los que salió.

RECONOCIMIENTOS

Es imposible escribir un libro como este sin la ayuda de personas de «nivel fundamental». Especiales agradecimientos a:

Mi pastor, Billy Joe Daugherty, cuyos mensajes me han inspirado fuertemente para salir de la mediocridad;

Robert Liardon, quien me invitó a caminar en el Espíritu y a no vivir otro día sin compromiso;

Keith Provance, el mejor ejemplo de líder que jamás he conocido;

Mike Loomis, quien brinda siempre una oportuna palabra de aliento;

Tim Redmond, cuyo conocimiento y consejo han sido de mucho valor.

Introducción

La mediocridad es una región limitada al norte por el compromiso, al sur por la indecisión, al este por la vieja manera de pensar y al oeste por la falta de visión.

Al despertar una mañana, el primer pensamiento que vino a mi mente antes de que mis pies tocaran el piso fue la frase: «Un enemigo llamado promedio». En ese momento supe que Dios me había dado el título para el libro que me había estado inquietando desde hacía mucho tiempo.

El propósito de este libro es tocar los aspectos de su vida que se deben mejorar, y activar los dones que Dios le ha dado así como el llamado dentro de usted. A cada individuo se ha dotado de cierta mezcla de capacidades y oportunidades que lo hacen único. Ninguna mezcla es insignificante. Hay algo que Dios ha colocado dentro de nosotros que nos hace clamar por estar encima del promedio y ser extraordinarios.

Me sentí dirigido a escribir este libro en forma de «gemas» para entregar todo lo básico que me sea posible en un estilo que se disfrute y que sea de fácil lectura. Puesto que tiene cincuenta y dos gemas, puede usar una por semana como excelente devocional o para el desarrollo personal.

En Génesis 3.9, Dios dijo a Adán: «¿Dónde estás tú?» Hoy día Él aún hace esa pregunta a cada uno de nosotros. ¿Dónde estamos en relación con el plan de Dios para nuestra vida? ¿Dónde estamos respecto a los dones y talentos que nos ha dado?

Es mi oración que a medida que lea este libro permita que el Espíritu Santo le revele el plan que Dios tiene para usted, y así informarle, exhortarle y corregirle de manera que se deslinde de toda área antigua de mediocridad y encuentre total realización en su vida.

PRIMERA PARTE:
UNA MIRADA AL INTERIOR

Su color menos preferido
debe ser el beige

Jamás trate de defender su posición y situación presente. Decida ser alguien a la ofensiva, no a la defensiva. **Quienes viven defensivamente nunca se levantan por encima del promedio.** Como cristianos estamos llamados a mantenernos en la ofensiva y tomar la iniciativa. Un individuo indiferente e indeciso nunca está seguro a pesar de su riqueza, educación o posición.

No permita que la búsqueda de su equilibrio se convierta en una excusa para no dar el único, agresivo y radical paso que Dios lo ha dirigido a dar. Muchas veces el intento de mantener el balance en la vida es sólo una excusa para ser indiferente. En tres ocasiones, en Josué 1.6, 7 y 9, el Señor dice a Josué: «Esfuérzate y sé valiente». Creo que Él dice lo mismo a todos los creyentes de hoy día.

Cuando decide estar en la ofensiva, la atmósfera de su vida comienza a cambiar. Así que si no le gusta la atmósfera de su vida, decídase a adoptar la posición ofensiva. Tomar la ofensiva no es sólo una acción sacada de una persona, es una decisión que se hace en el interior.

Cuando escoja estar en la ofensiva, mantenga impersonales todos sus conflictos. Combata el problema, no la persona. Hable de lo que Dios puede hacer de usted, no de lo que otros son incapaces de hacer. **Descubrirá que cuando todas sus razones son defensivas, su causa casi nunca triunfa.**

Estar a la ofensiva y tomar la iniciativa es una llave maestra que abre en su vida la puerta a la oportunidad. Aprenda a crear el hábito de tomar la iniciativa y **nunca empiece su día siendo indiferente.** Cuando cada mañana sus pies toquen el piso, piense en la ofensiva, reaccione como un invasor, tome control de su día y de su vida.

Por lo general, retroceder y estar a la defensiva refuerza el problema. La intimidación precede siempre a la derrota. Si no está seguro de qué camino seguir, ore y enfrente la situación con plena confianza.

Sea como los dos pescadores que quedaron atrapados en una tormenta en medio del lago.

—¿Deberíamos orar o remar? —preguntó uno al otro.

—¡Hagamos las dos cosas! —respondió su sabio compañero.

Eso es tomar la ofensiva.

Gema # 2

EL CRECIMIENTO VIENE POR TRABAJAR CON LOS TALENTOS, DONES Y CUALIDADES, NO POR RESOLVER PROBLEMAS

Uno de los aspectos más descuidados en la vida de muchas personas es la de los dones que Dios ha puesto dentro de ellas. Sorprende ver cómo algunos individuos dedican todo su esfuerzo a un área o una profesión que no tienen nada que ver con sus talentos innatos. Lo opuesto también es verdad. En efecto, muchos pasan toda la vida tratando de cambiar lo que Dios los ha hecho. Hacen a un lado los dones que Dios les ha dado mientras continuamente buscan cambiar su apariencia natural. Como hijos de Dios debemos reconocer nuestros dones innatos, cualidades y talentos, y hacer todo de nuestra parte para crecer con ellos.

Algo bueno con los talentos y el llamado de Dios es que son permanentes y duraderos. Romanos 11.29 nos dice: «*Irrevocables son los dones y el llamamiento de Dios*». Dios no puede quitar de su vida ni sus dones ni su llamamiento. **Aun cuando usted jamás haya hecho algo con ellos, aun cuando halla fallado una y otra vez los dones y el llamado todavía están en su interior.** Hoy día están allí y usted tiene la oportunidad de hacer algo con ellos, comenzando ahora mismo.

Los dones y talentos son en realidad los depósitos de Dios en nuestras cuentas personales, pero nosotros determinamos el interés en ellos. Mientras más grande sea el interés y la atención que les demos, mayor será su valor. **Los dones de Dios no son préstamos, son depósitos.** Como tales nunca deben terminarse o agotarse; mientras más se usen, más grandes, fuertes y valiosos se vuelven. Cuando se les da buen uso proveen información, discernimiento y revelación que no se pueden recibir de ninguna otra manera o fuente.

Como cristianos debemos usar totalmente todos los dones y talentos que Dios nos concede, de manera que no abundemos sólo en un área mientras estamos en bancarrota en otra. Alguien dijo: «Si la única herramienta que usted tiene es un martillo tendrá la tendencia a tratar todo como si fuera un clavo». No cometa esa equivocación, utilice todos los dones que Dios le ha dado. Si decide perseverar y usar al máximo los dones y talentos en su vida, empleará sus días sobre este planeta ayudando a alguien más a alcanzar sus metas. La mayor parte de los individuos dejan que otros controlen sus destinos. No deje que nadie tome el asiento del chofer en su vida. Cumpla sus propios sueños y determine el curso de su propia vida.

Nunca subestime el poder de los dones que hay dentro de usted. **Se nos dan los dones y talentos no sólo para cumplir al máximo el llamamiento en nuestras propias vidas, sino también para llegar a las almas que están ligadas a esos dones.** Existen seres cuyas vidas esperan de alguna manera el toque de lo que Dios ha colocado dentro de usted. Así que evalúese. Defina y perfeccione sus dones, talentos y virtudes. Decida hoy buscar las oportunidades para ejercitar sus extraordinarios dones y llamado que Dios le dio y ordenó.

Gema # 3

«LA NARIZ DEL PERRO DOGO ESTÁ INCLINADA HACIA ATRÁS, DE MANERA QUE PUEDA RESPIRAR SIN SOLTAR LA PRESA» WINSTON CHURCHILL

Los persistentes comienzan su éxito donde la mayoría se retira. A los cristianos se nos debe conocer como personas de persistencia y resistencia. **Alguien que tiene persistencia, compromiso y resistencia hará mucho más que mil personas que sólo tienen interés.** En Hebreos 12.1 leemos: «*Por tanto, nosotros también, teniendo en derredor nuestro tan grande nube de testigos, despojémonos de todo peso y del pecado que nos asedia, y corramos con paciencia la carrera que tenemos por delante*». Mientras más diligentemente trabajemos, más difícil es la retirada. La persistencia es un hábito; asimismo el retirarse.

No se preocupe de cuánto dinero, capacidad o equipo tiene para comenzar. Empiece sólo con un millón de dólares de determinación. Recuerde: **no es lo que usted tiene, es lo que hace con lo que tiene lo que marca la diferencia.** Muchos comienzan ansiosamente «la buena batalla de la fe», pero olvidan añadir paciencia, persistencia y resistencia a su entusiasmo. Josh Billings dijo: «Mire la estampilla de correos. Su utilidad consiste en la habilidad de pegarse a algo hasta que llega a destino». A usted y a mí se nos debe conocer como «estampillas de correo» cristianas.

El apóstol Pablo escribe en 1 Corintios 15.58: «*Así que, hermanos míos amados, estad firmes y constantes, creciendo en la obra del Señor siempre, sabiendo que vuestro trabajo en el Señor no es en vano*». Pedro nos dice: «*Por lo cual, oh amados, estando en espera de estas cosas, procurad con diligencia ser hallados por Él sin mancha e irreprensibles, en paz*» (2 Pedro 3.14). Y el sabio Salomón señala: «*¿Has visto hombre solícito en su trabajo? Delante de los reyes estará*» (Proverbios 22.29).

En el Lejano Oriente la gente planta un árbol llamado bambú chino. Durante los primeros cuatro años riegan y fertilizan la planta con aparentemente poco o ningún resultado. Entonces, en el quinto año ellos ponen nuevamente agua y fertilizante, ¡y en cinco semanas el árbol crece treinta metros! La pregunta obvia es: ¿Creció el árbol de bambú treinta metros en cinco semanas, o en cinco años? La respuesta es: en cinco años. Porque si en cualquier momento durante ese período se hubiera dejado de regar y fertilizar habría muerto.

Muchas veces nuestros sueños y planes parecen no tener éxito. Nos tienta renunciar y retirarnos. En vez de eso debemos continuar regando y fertilizando esos sueños y planes, nutriendo las semillas con la visión que Dios ha puesto dentro de nosotros. Porque sabemos que si no nos retiramos, si demostramos perseverancia y resistencia, también cosecharemos. Charles Hadeon Spurgeon dijo: «Al perseverar el caracol llegó a su refugio». Debemos ser como el caracol.

Gema # 4

PODEMOS CRECER POR NUESTRAS PREGUNTAS TANTO COMO POR NUESTRAS RESPUESTAS

He aquí algunas preguntas importantes que nos debemos hacer:

1. ¿Qué decisión tomaría si supiera que no fallaría?
2. ¿Qué debo eliminar de mi vida que me impide alcanzar todo mi potencial?
3. ¿Estoy en la senda de algo absolutamente maravilloso, o de algo absolutamente mediocre?
4. Si todos en los Estados Unidos de América estuvieran en mi nivel de espiritualidad, ¿habría un avivamiento en la tierra?
5. ¿Sabe el diablo quién soy?
6. ¿Estoy huyendo de algo, o corriendo hacia algo?
7. ¿Qué puedo hacer para usar mejor mi tiempo?
8. ¿Reconocería a Jesús si lo encontrara en la calle?
9. ¿A quién debo perdonar?
10. ¿Cuál es mi pasaje favorito de la Biblia para mí mismo, para mi familia y para mi carrera?
11. ¿Qué cosa imposible creo y planifico?
12. ¿Cuál es mi pensamiento más predominante?
13. ¿Hay algo que anteriormente me haya comprometido a hacer, y que haya abandonado?

14. ¿Qué hace que las personas que más respeto ganen mi consideración?
15. ¿Qué haría en mi situación una persona verdaderamente creativa?
16. ¿Qué influencias externas me están haciendo mejor o peor?
17. ¿Puedo guiar a alguien hacia Cristo?
18. ¿En qué áreas debo mejorar en términos de desarrollo personal?
19. ¿Qué dones, talentos o cualidades tengo?
20. ¿Qué puedo hacer por alguien que no tiene la oportunidad de retribuirme?

NO PREGUNTE AL TIEMPO DÓNDE SE HA IDO; DÍGALE A DÓNDE IR

Todos los grandes triunfadores, todas las personas de éxito, son quienes han podido tener control sobre su tiempo. Se ha dicho que a los seres humanos se les creó iguales en un aspecto: a cada uno se le dio veinticuatro horas cada día.

Debemos decidir dar lo mejor de nuestro tiempo a nuestra situación más urgente. Lo que importa no es cuánto hacemos, sino cuánto hemos concluido. Debemos vigilar nuestro tiempo, no nuestro reloj. Uno de los mejores economizadores de tiempo es la capacidad de decir no. Negarse a decir no cuando debe hacerlo es uno de los más grandes desperdicios de tiempo que jamás experimentará.

No gaste un dólar de tiempo en diez centavos de resultados.

Asegúrese de cuidarse en sus momentos vulnerables del día. Estos momentos vulnerables son lo primero que hace en la mañana y lo último que hace en la noche. Escuché decir a un ministro que una persona revela su verdadero yo cuando se encuentra sola a la medianoche.

No diga: «¡Yo podría hacer cosas grandes si no estuviera tan ocupado haciendo pequeñeces!» Controle su tiempo. **Mientras mayor control ejerza sobre su tiempo, mayor libertad experimentará en su vida.** El salmista oró: «*Enséñanos de tal modo a contar nuestros días, que traigamos al corazón sabiduría*» (Salmos 90.12). La Biblia nos enseña que el ladrón viene para hurtar, matar y destruir (Juan 10.10); este versículo se aplica tanto al tiempo como a las personas. El deseo del enemigo es dar a los hijos de Dios ideas sobre cómo matar, robar y destruir el valioso tiempo.

Hay quienes siempre dicen: «Daría cualquier cosa para ser capaz de...» Un principio básico de liderazgo dice: «6 x 1 = 6». Si usted quiere escribir un libro, aprender a tocar un instrumento musical, llegar a ser un tenista o hacer cualquier cosa importante, debe dedicar al proyecto una hora diaria, seis días a la semana. Antes de lo que piensa, lo que desea se hará una realidad. ¡Es mucho lo que un individuo puede realizar en 312 horas al año! Todo lo que necesita es un compromiso de una hora al día, seis días a la semana.

Todos tenemos la misma cantidad de tiempo cada día. La diferencia entre las personas se determina por lo que hacen con el tiempo que tienen a su disposición. No sea como el piloto de la aerolínea que volaba sobre el océano Pacífico que informó a sus pasajeros: «¡Estamos perdidos, pero estamos haciendo un excelente tiempo!» Recuerde que el futuro llega de hora en hora. **Controle su tiempo y dominará su vida.**

Gema # 6

OBEDEZCA EL NOVENO MANDAMIENTO

Para quienes no somos eruditos bíblicos, podemos resumir la esencia del noveno mandamiento en una sola declaración: «No mentirás». Cada cristiano debe ser alguien de indudable integridad. Para nosotros el gris no está bien, debe ser blanco o negro.

La esperanza que se edifica sobre una mentira es siempre el principio de la pérdida. No intente construir algo sobre un fundamento de mentiras y de verdades a medias. No perdurará.

Se ha dicho que debe ser fácil vivir honestamente porque hay muy poca competencia. En realidad **sólo a alguien honesto e íntegro se puede motivar o dirigir con exactitud.** La mentira distorsionará siempre la guía de Dios en su vida. Hará que dé pasos incorrectos. Decir una falsedad producirá pérdidas más grandes que todos los ahorros que pueda obtener.

Mentir se convierte muy fácilmente en un hábito. El hecho es que alguien que miente una vez descubre que es más fácil hacerlo por segunda vez. Mentir es también una trampa. Nadie tiene la memoria suficientemente buena para ser un mentiroso de éxito. T.L. Osborn dice: «Di siempre la verdad, y nunca tendrás qué recordar lo que dijiste».

Leemos en Proverbios 12.22: «*Los labios mentirosos son abominación a Jehová; pero los que hacen verdad son su contentamiento*». Proverbios 19.9 declara: «*El testigo falso no quedará sin castigo, y el que habla mentiras perecerá*». El apóstol Pablo nos exhorta en Colosenses 3.9, 10: «*No mintáis los unos a los otros, habiéndoos despojado del viejo hombre con sus hechos, y revestido del nuevo, el cual conforme a la imagen del que lo creó se va renovando hasta el conocimiento pleno*».

Hay siete resultados de mentir. Si usted miente:

1. Atraerá mentirosos a su vida (Proverbios 17.4).
2. Tendrá falta de entendimiento (Salmos 119.104).
3. Nunca disfrutará de resultados permanentes (Proverbios 12.19; 21.28).
4. Terminará en esclavitud (Gálatas 2.4).
5. Será castigado (Proverbios 19.5).
6. Será un necio (Proverbios 10.18).
7. Sus mentiras lo perseguirán (Salmos 7.14-16).

Las mentiritas blancas crecen hasta ser grandes mentiras negras. Decida y determine librarse de la esclavitud de quebrantar el noveno mandamiento.

UN HOMBRE CON UN RELOJ SABE QUÉ HORA ES; UN HOMBRE CON DOS RELOJES NUNCA ESTARÁ MUY SEGURO. ANÓNIMO

¿**H**a notado que algunas de las personas más deprimidas en el mundo son aquellas que no pueden tomar una decisión? **Cuando la mente humana tiene duda, el más leve de los impulsos la maneja con mayor facilidad.** Esto abre la puerta a muchas, muchas decisiones equivocadas. Muchas veces la indecisión hace que todo vaya de mal en peor. La indecisión es mortal. La verdad es que el lugar más peligroso para estar es la mitad de la carretera.

Los creyentes debemos ser los más decididos de todos los individuos. Los líderes cristianos deben tener determinaciones, no simples deseos. La Biblia dice en Santiago 1.8: *«El hombre de doble ánimo es inconstante en todos sus caminos».* Una persona indecisa deja que la inestabilidad se introduzca en todas las áreas de su vida. Si no decidimos lo que es importante en nuestra vida, terminaremos probablemente haciendo lo que es importante para otros. **Mientras más grande sea el grado de ilusiones, mayor es el grado de mediocridad.** Decidirnos, concentrarnos y comprometernos al cumplimiento de un sueño aumenta grandemente nuestra probabilidad de éxito. Esto también cierra la puerta a opciones erróneas.

El desafío para todos nosotros es ser soñadores dedicados, o tal vez sería mejor decir soñadores decididos. Harry Truman dijo una vez: «No se puede contestar a algunas interrogantes, pero se los puede decidir». Quizás la mayor parte del tiempo no tenemos todos los hechos sobre una situación dada, pero por lo general tenemos todos los hechos para tomar una decisión. La Biblia dice que dejemos que la paz de Dios gobierne nuestros corazones (Colosenses 3.15). Una versión ampliada de la Biblia dice que permitamos que la paz que viene de Cristo actúe como un árbitro en nuestros corazones.

Sea decidido. Vaya con la paz de Dios y no tenga temor de tomar una decisión. La verdad es que los decididos prevalecen típicamente y llegan hasta la cumbre, porque la mayoría de las personas son indecisas.

Si usted no está interesado en los asuntos espirituales se encontrará con seguridad actuando contra el cielo. Gracias a Dios servimos a un Señor decidido. Él nos ha dado su paz y su Palabra para que podamos tomar decisiones sabias. No debemos ser la clase de personas que reclaman haber oído algo de Dios esta semana, y algo totalmente opuesto la semana siguiente. Dios no cambia su curso de acción tan rápido. Tampoco le indica a nadie a que actúe en oposición al buen sentido y claro juicio que muestra su Palabra.

Dios desea que seamos decididos en nuestras vidas. Como sus hijos, deberíamos ser como nuestro Padre celestial, con quien «*no hay mudanza, ni sombra de variación*» (Santiago 1.17). Deberíamos ser personas de grandes determinaciones. **Si el diablo controla nuestra voluntad, domina nuestro destino; pero si Dios controla nuestra voluntad, entonces Él dominará nuestro destino.**

La decisión es nuestra. Seamos decididos. ¡Tomemos la decisión correcta!

No consuma su futuro alimentándose de su pasado

Decida ahora librarse de cualquier «flojera de perdedor» que pueda estar arrastrando de una experiencia pasada. Como seguidores de Jesucristo, usted y yo debemos romper el poder del pasado para dominar el presente y determinar nuestro futuro.

Jesús dijo en Lucas 9.62: «*Ninguno que poniendo su mano en el arado mira hacia atrás, es apto para el reino de Dios*». Si no tenemos cuidado dejaremos que el pasado ejerza un enorme dominio en nosotros. **Mientras más miremos hacia atrás, menos podemos ver hacia adelante.** El pasado no afecta lo que Dios puede hacer por nosotros hoy día.

Eso es lo hermoso de la vida cristiana. Aun cuando hemos fallado, podemos pedir perdón y ser totalmente limpios y liberados de todas nuestras acciones pasadas. Cualquier control que el pasado pueda tener sobre nosotros se puede romper. No es Dios quien nos retiene. Es nuestra propia decisión permitir que el pasado nos impida vivir al máximo en el presente y futuro. El fracaso espera a la vuelta de la esquina a quienes viven de los éxitos y fracasos del ayer. **Debemos escoger entre estar concentrados en la vanguardia o estar poseídos del**

pasado. Debemos aprender a sacar provecho del pasado, pero invertir en el futuro.

El apóstol Pablo escribe en Filipenses 3.13, 14: «*Hermanos, yo mismo no pretendo haberlo ya alcanzado; pero una cosa hago: olvidando ciertamente lo que queda atrás, y extendiéndome a lo que está adelante, prosigo a la meta, al premio del supremo llamamiento de Dios en Cristo Jesús*».

Aquí la clave es «olvidando lo que queda atrás» para llegar al «supremo llamamiento de Dios en Cristo Jesús». Para cumplir nuestro llamamiento en Cristo debemos primero olvidar lo que queda atrás. Probablemente la resistencia más común en la vida de un individuo es su pasado de equivocaciones y fracasos. Hoy es el día de comenzar a sacudirse de las cadenas del pasado y marchar hacia adelante.

El pasado es pasado. No tiene vida.

EL MEJOR MOMENTO
DE SU DÍA ES AHORA

El retraso innecesario es un asesino.

Cuando usted decide matar el tiempo empieza a matar los dones y el llamado que Dios ha puesto en su vida. La Biblia dice: «*El que al viento observa, no sembrará; y el que mira a las nubes, no segará*» (Eclesiastés 11.4).

El primer paso para vencer la tardanza es eliminar todas las excusas y razones para no tomar una acción decisiva e inmediata.

Todos estamos en movimiento. Nos movemos hacia adelante, hacia atrás o sobre una rutina. La mayor equivocación que cometen las personas es pensar que la meta principal de la vida es permanecer ocupados. Tal pensamiento es una trampa. Lo importante no es estar ocupados sino progresar. Es asunto de actividad contra cumplimiento.

Un caballero llamado John Henry Fabre llevó a cabo un experimento con orugas en procesión. Se les llama así porque tienen el hábito peculiar de seguir ciegamente la una a la otra sin importar cómo estén alineadas o a dónde vayan. Este hombre tomó un grupo de estas pequeñas criaturas e hizo algo interesante con ellas: las colocó en un círculo. Por veinticuatro horas las orugas siguieron una a otra dando y dando vueltas. Entonces hizo algo más. Puso a las orugas en un platillo lleno de hojitas de pino (su comida favorita). Por seis días las necias criaturas se movieron alrededor del plato, muriendo literalmente de hambre y debilidad aun cuando había una gran cantidad de su comida preferida a sólo cinco centímetros de distancia.

Como puede ver, ellas confundieron actividad con cumplimiento.

A los cristianos se nos debe conocer como quienes hacemos grandes cosas para Dios, no como los que simplemente hablamos de ellas. Quienes aplazan innecesariamente son mejores hablando que haciendo. Es verdad lo que Mark Twain dijo: «El ruido no produce nada. Con frecuencia una gallina que simplemente ha puesto un huevo cacarea como si hubiera puesto un asteroide».

Debemos ser como los apóstoles. No se les conoce mucho por sus normas, procedimientos, teorías o excusas. Por el contrario, se les conoce por sus hechos. Muchos individuos dicen que esperan a Dios; pero en la mayoría de los casos es Dios quien los espera a ellos. Debemos decir con el salmista: «En tu mano están mis tiempos» (Salmos 31.15). El precio del crecimiento siempre es menor que el costo del estancamiento. Como dijo Edmund Burke: «Lo que se necesita para el triunfo del mal es que los hombres valiosos no hagan nada».

Ocasionalmente usted puede ver a alguien que no hace nada y sin embargo parece tener éxito en la vida. No se engañe. El viejo dicho es cierto: «Un reloj descompuesto da la hora correcta sólo dos veces por día». Como cristianos se nos llama a progresar, no a excusarnos.

El hábito de aplazar es una herramienta del diablo para retenernos y para hacernos desperdiciar el tiempo de Dios en nuestras vidas. «*El deseo del perezoso le mata, porque sus manos no quieren trabajar*» (Proverbios 21.25). **La verdad es que mientras más nos demoremos en actuar en la dirección de Dios, más incierta llegará a ser esta dirección.**

El temor y la preocupación son intereses que usted paga con anticipación sobre algo que quizás nunca tenga

El temor es un mal cincel para esculpir el futuro. La preocupación es simplemente el triunfo del temor sobre la fe.

Se cuenta una historia acerca de una mujer que estaba llorando profusamente en una esquina. Un hombre se dirigió a ella y le preguntó por qué lloraba. La mujer sacudió su cabeza y replicó: «Pensaba precisamente en que algún día me casaría. Con el tiempo tendría una hermosa niña. Entonces un día la niña y yo pasearíamos por esta calle, vendríamos a esta esquina, mi querida hija correría por la calle, la golpearía un auto y moriría».

Esta situación parece muy ridícula: una mujer adulta que llora por algo que probablemente nunca sucederá. Sin embargo, ¿no es esta la manera en que respondemos cuando nos preocupamos? Imaginamos un acontecimiento irreal y lo acrecentamos fuera de toda proporción en nuestra mente.

Un viejo proverbio sueco dice: «La preocupación hace que algo pequeño dé una gran sombra». **La preocupación es simplemente el mal uso de la imaginación**

**creativa que Dios colocó dentro de cada uno de noso-
tros.** Cuando surge el temor en nuestra mente debemos
aprender a esperar lo opuesto en nuestra vida.

Antiguamente se daba a la palabra *preocupación* el
significado de «estrangular», o «cortar». No hay duda de
que la preocupación y el temor en la mente cortan el
creativo flujo celestial.

Rara vez las cosas son como parecen. «Leche descre-
mada disfrazada de crema», dijo W.S. Gilbert. A medida
que vivimos y nos preocupamos por asuntos que están
más allá de nuestro dominio, se comienza a formar un
efecto negativo. Demasiado análisis conduce siempre a
la parálisis. **La preocupación es una ruta que conduce
de alguna a ninguna parte. No le permita que dirija su
vida.**

La Biblia dice en Salmos 55.22: «*Echa sobre Jehová tu
carga, y Él te sustentará; no dejará para siempre caído al
justo*». Nunca responda por temor y nunca tema responder. La acción ataca al temor, la inacción construye temor.

No se preocupe, y no tema. Al contrario, lleve al
Señor su temor y preocupación: «*Echando toda vuestra
ansiedad sobre Él; porque Él tiene cuidado de vosotros*» (1 Pedro 5.7).

Nuestras palabras son semillas plantadas en la vida de otras personas

Lo que hablamos es importante. La Biblia afirma que de la abundancia del corazón habla la boca (Mateo 12.34). Debemos cambiar nuestro vocabulario. Tenemos que hablar palabras de vida y luz. Nuestra conversación siempre debe subir al nivel de la Palabra de Dios.

A los cristianos se nos debe conocer como individuos que hablamos positivamente, que hablamos la palabra de Dios en toda situación y que hablamos palabras de vida.

No debemos ser como el hombre que entró a un monasterio en el que se permitía hablar a los monjes sólo dos palabras cada siete años. Después de que habían pasado los primeros siete años, el iniciado se encontró con el Abad, quien le preguntó:

—Bueno, ¿cuáles son tus dos palabras?

—Mala comida —replicó.

El hombre regresó a pasar otro período de siete años antes de reunirse otra vez con su superior eclesiástico.

—¿Cuáles son ahora tus dos palabras —preguntó el clérigo.

—Cama dura —respondió el hombre.

Siete años más tarde, o sea veintiún años después de su ingreso en el monasterio, el hombre se encontró con el Abad por tercera y última ocasión.

—¿Cuáles son tus dos palabras esta vez? —preguntó el Abad.

—¡Me voy!

—Bueno, no me sorprende —contestó el disgustado clérigo—, ¡todo lo que has hecho desde que llegaste ha sido quejarte!

No sea como ese hombre; no tenga la fama de que sus palabras sólo sean negativas.

Usted tiene que renunciar si es miembro de la «vid que murmura». En Juan 6.43 nuestro Señor dio instrucciones a sus discípulos: *«No murmuréis entre vosotros»*. El apóstol Pablo exhortó a los creyentes de su día en Filipenses 2.14, 15: *«Haced todo sin murmuraciones y contiendas, para que seáis irreprensibles y sencillos, hijos de Dios sin mancha en medio de una generación maligna y perversa, en medio de la cual resplandecéis como luminares en el mundo»*.

De manera opuesta a lo que usted pudiera haber escuchado, hablar no es barato, es muy costoso. Deberíamos saber que nuestras palabras son poderosas. Nuestras palabras afectan lo que recibimos de los demás y lo que los demás reciben de nosotros. Cuando hablamos indebidamente se disminuye nuestra capacidad de ver y oír la voluntad de Dios.

CONTRA

Cada día tomamos decisiones. Diariamente confrontamos opciones. **Debemos escoger una u otra.** No podemos tener ambas. Estas opciones incluyen:

Amargarse contra mejorar.

Indiferencia contra decisión.

Tibieza contra entusiasmo.

«Si pudiéramos» contra «cómo podremos».

«Darse por vencido» contra «levantarse».

Seguridad contra riesgo.

Imitar al mal contra derrotar al mal.

Doblegarse contra permanecer firme.

Cuánto hacemos contra cuánto hemos hecho.

Convivir con las tinieblas contra oponerse a las
    tinieblas.

Destrucción contra desarrollo.

Resistir contra recibir.

Quejarse contra obtener.

Tratar contra comprometerse.

Paz contra lucha.

Decisión contra oportunidad.

Determinación contra desaliento.

Crecimiento contra muerte.

Demandar más de nosotros contra excusarnos.

Hacer para otros contra hacer para sí mismo.

Progreso contra retroceso.

Gobernarse contra dejarse llevar.

Prioridades contra falta de rumbo.

Responsabilidad contra irresponsabilidad.

Acción contra actividad.

Solución contra problemas.

Más de Dios contra más de cualquier cosa.

Estar en «quién es quién» contra preguntar «¿por qué a mí?»

PONGA LOS PIES EN LA ROCA
CUANDO LLEGUE AL FINAL DE LA CUERDA

No renuncie. Hay una gran diferencia entre abandonar y cambiar. Creo que **cuando Dios ve a alguien que no abandona, mira hacia abajo y dice: «Ese es alguien a quien puedo usar».**

Se nos dice en Gálatas 6.9: *«No nos cansemos, pues, de hacer bien; porque a su tiempo segaremos, si no desmayamos».* Lea cuidadosamente este versículo. Nos pide no desmayar, asegurándonos que segaremos, no que podríamos segar, si no desmayamos.

Dios no renuncia. Para Él es imposible hacerlo. El apóstol Pablo escribe en Filipenses 1.6 acerca de estar *«persuadido de esto, que el que comenzó en vosotros la buena obra, la perfeccionará hasta el día de Jesucristo».* Hay varios puntos importantes en este versículo. El más crucial es el hecho de que Dios no renuncia. Por eso podemos tener gran confianza en que Él completará la obra que comenzó en nosotros. Él verá cada paso de nuestro camino hasta que lleguemos a nuestro destino final.

José es uno de los mejores ejemplos bíblicos de alguien que no renunció. Él tuvo muchas razones para justificar el darse por vencido: primero, cuando debido a sus celos sus hermanos lo arrojaron en un pozo, estoy seguro de que él dijo para sí: «Esta no es la manera en que soñé que se iba a desarrollar mi vida». Más tarde, cuando se le acusó injustamente y fue arrojado en prisión por un crimen que no cometió, tuvo una gran oportunidad de sentirse desilusionado y renunciar. Nuevamente pudo haber dicho: «Esto no es justo; se supone que no debo estar aquí».

Pero con el tiempo, el sueño que Dios le había dado se hizo realidad. En un solo día fue elevado de prisionero a primer ministro. José permaneció fiel a su Dios aunque no conocía ni entendía los pasos a través de los cuales el Señor lo dirigiría. No renunció a pesar de las pruebas y obstáculos que afrontó.

No hay premio mayor que el que viene como resultado de permanecer aferrado a la Palabra y a la voluntad de Dios. Sólo usted puede decidir entre perder o no perder. La mayoría de las personas se retiran justo al borde del éxito. Este está con frecuencia en la punta de sus dedos. Hay sólo un grado de diferencia entre el agua caliente y el vapor.

En Lucas 18 Jesús contó la parábola de la viuda persistente. La Biblia revela el propósito de Él al contar esta historia: «*También les refirió Jesús una parábola sobre la necesidad de orar siempre, y no desmayar* (v. 1). El salmista nos dice: *Encomienda a Jehová tu camino, y confía en Él; y Él hará*» (Salmos 37.5).

La única manera de perder es desistir. Esta es la única decisión que nos impide alcanzar las metas de Dios para nuestras vidas.

Gema # 14

UNA META ES UN SUEÑO CON UN PLAZO

En Habacuc 2.2 el Señor dice al profeta: «*Escribe la visión, y declárala en tablas, para que corra el que leyere en ella*». En este pasaje se muestra la clave para un satisfactorio establecimiento de metas.

Antes que todo la visión se debe escribir. Cuando usted tiene una visión en mente, no tiene en realidad una meta; en verdad no es más que un sueño. Existe poder al colocar ese sueño en el papel. Cuando anota un compromiso, fluye de manera natural el poder para lograrlo. Usted puede iniciar un fuego con sólo un papel, pero poner algo por escrito puede encender un fuego en su interior.

Dios mismo fue fiel a su Palabra al darnos escrita en la Biblia su visión para nosotros. Él no sólo confió en el Espíritu Santo para que nos guíe y dirija, sino que puso sus metas por escrito. Se nos pide poner la Palabra de Dios sobre tablas, de manera que sea clara y específica como es la visión «para que corra el que leyere en ella».

La palabra clave es «corra». Dios desea que corramos con la visión y la meta en nuestra vida. Si lo hacemos, no retrocederemos. Cuando camina sin visión es fácil que usted cambie de dirección y que vaya por el camino equivocado. **Usted no puede vagar hacia una meta.**

En Proverbios 24.3, 4 leemos: «*Con sabiduría se edificará la casa, y con prudencia se afirmará; y con ciencia se llenarán las cámaras de todo bien preciado y agradable»*. Dicho de otra manera, la fijación y el planteamiento eficaz de metas proporcionan la oportunidad de traer el futuro al presente, y tratar con él ahora. Usted descubrirá que el éxito es fácil cuando convierte sus metas exteriores en un compromiso interior.

Incluso debemos continuar nuestra preparación aun cuando tengamos al Espíritu Santo; así estaremos mejor equipados. La primera alternativa de Dios para nosotros en cualquier situación no puede ser el desorden ni el desperdicio de fondos o recursos. Por eso es que la planificación adecuada es tan importante. Planee el potencial. Cree el sueño más grande de Dios. Cuando planifique mire al futuro, no al pasado. Usted no puede manejar hacia adelante mirando por la ventanilla trasera.

Involúcrese siempre con algo que sea más grande que usted, porque allí es donde está Dios. Todo gran triunfo era imposible al principio. Todos tenemos la oportunidad de triunfar en nuestra vida. Se requiere tanta energía y esfuerzo para llevar una vida mala como para llevar una buena. Sin embargo, la mayoría de las personas llevan una vida sin sentido sólo porque nunca se decidieron a escribir su visión para luego seguirla. Sepa esto: si usted no puede ver la marca, no puede ir hacia ella.

«Examina la senda de tus pies, y todos tus caminos sean rectos» (Proverbios 4.26). Usted descubrirá que lo que aprende en el camino hacia sus metas es en realidad más valioso que alcanzar la meta en sí. Colón descubrió América mientras buscaba una ruta para la India. Manténgase en su camino mirando hacia las «Américas». Ponga por escrito la visión de Dios para su vida y comience a correr con el plan de Él.

Gema # 15

SONRÍA. ESTO AÑADE VALOR A SU ROSTRO

Los cristianos deberían ser los individuos más felices y más entusiastas sobre la tierra. En efecto, la palabra *entusiasmo* viene de la palabra griega *entheous*, que significa «con Dios adentro», o «lleno de Dios».

Sonreír (ser feliz y entusiasta) es siempre una decisión, no un resultado. Es una decisión que se debe hacer conscientemente. El entusiasmo, el gozo y la felicidad mejorarán su personalidad y la opinión que los demás tengan de usted. Le ayudará a mantener una perspectiva adecuada de la vida. Hellen Keller dijo: «Ponga su cara hacia el sol y no podrá ver la sombra».

Mientras mayor sea el desafío que afronta, más entusiasmo necesita. Filipenses 2.5 dice: *«Haya, pues, en vosotros este sentir que hubo también en Cristo Jesús».* Creo que Jesús fue un hombre con sonrisa en la cara, caminar firme y alegría en el semblante.

Nuestra actitud siempre dice a los demás lo que esperamos a cambio.

La sonrisa es un arma poderosa. Incluso puede romper el hielo. Usted descubrirá que ser feliz y entusiasta es como un resfriado: muy, pero muy contagioso. Una carcajada al día mantendrá lejos a las personas negativas. También encontrará que a medida que el entusiasmo aumenta, la tensión y el temor en su vida disminuirán.

La Biblia dice que el gozo del Señor es nuestra fortaleza (Nehemías 8.10).

Hay muchos que dicen: «¡Vaya! no es extraño que fulano de tal esté feliz, seguro de sí mismo y que sea positivo; si yo tuviera su trabajo y sus ingresos también estaría así». Tal pensamiento sugiere de modo falso que la gente próspera es positiva porque tiene un buen ingreso y muchas posesiones. Pero la verdad es lo contrario. Tales individuos probablemente tengan un buen ingreso y muchas posesiones como resultado de ser positivos, seguros de sí mismos y felices.

El entusiasmo motiva siempre a la acción. Ningún logro importante se ha obtenido sin entusiasmo. En Juan 15.10, 11 tenemos una promesa del Señor: «*Si guardareis mis mandamientos, permaneceréis en mi amor; así como yo he guardado los mandamientos de mi Padre, y permanezco en su amor. Estas cosas os he hablado, para que mi gozo esté en vosotros, y vuestro gozo sea cumplido*».

El gozo y el amor del Señor son suyos, ¡así que sonría!

Gema # 16

UNA EXCUSA ES SÓLO UNA MENTIRA

Renunciar, darse por vencido, fracasar, juzgar, todo esto comienza con una excusa. No permita que un obstáculo en su vida se convierta en una excusa, que es sólo egoísmo disfrazado.

«Por lo cual eres inexcusable, oh hombre, quienquiera que seas tú que juzgas; pues en lo que juzgas a otro, te condenas a ti mismo; porque tú que juzgas haces lo mismo» (Romanos 2.1). Los cristianos deberíamos ser personas de progreso, no de pretextos. Cuando tenemos una excusa echamos la culpa en cualquier parte. Esto hace que venga a nuestro camino un juicio posterior.

Siempre han habido personas que tratan de dar pretextos al Señor. Algunos sabían que las excusas eran falsas. Hubo también quienes dieron pretextos y creyeron que eran ciertos; estos terminaron en circunstancias muy diferentes.

En Lucas 14.18-20 Jesús contó la parábola de la gran cena en los tiempos finales, y de los hombres que fueron invitados a la mesa del Señor:

«Y todos a una comenzaron a excusarse. El primero dijo: He comprado una hacienda, y necesito ir a verla; te ruego que me excuses. Otro dijo: He comprado cinco yuntas de bueyes, y voy a probarlos; te ruego que me excuses. Otro dijo: Acabo de casarme, y por tanto no puedo ir».

Estos hombres se disculparon y perdieron la salvación. Todos ellos cometieron la equivocación de creer sus excusas en vez de creer a Dios.

Otros dos hombres en la Biblia, Moisés y Gedeón, también dieron pretextos al Señor. La diferencia es que, aunque se excusaron, reconocieron que sus excusas no eran ciertas. Moisés trató de disculparse ante Dios. En Éxodo 4.10-12, él dijo:

«*¡Ay, Señor! Nunca he sido hombre de fácil palabra, ni antes, ni desde que tú hablas a tu siervo; porque soy tardo en el habla y torpe de lengua. Y Jehová le respondió: ¿Quién dio la boca al hombre? ¿O quién hizo al mudo y al sordo, al que ve y al ciego? ¿No soy yo Jehová? Ahora, pues, ve y yo estaré con tu boca, y te enseñaré lo que hayas de hablar*».

En Jueces 6.15-16, Gedeón discutió:

«*Ah, Señor mío, ¿con qué salvaré yo a Israel? He aquí que mi familia es pobre en Manasés, y yo el menor en la casa de mi padre. Jehová le dijo: Ciertamente yo estaré contigo, y derrotarás a los madianitas como a un solo hombre*».

Cuando se confronte con una disculpa haga como Moisés y Gedeón: decida creerle a Dios, y no a la excusa. Jesús dijo en Juan 15.22: «*Si yo no hubiera venido, ni les hubiera hablado, no tendrían pecado; pero ahora no tienen excusa por su pecado*».

Reconozca una excusa como lo que es: un pecado contra Dios.

Gema # 17

No renuncie después de una victoria

Hay dos ocasiones en que una persona se detiene: después de una derrota y después de una victoria. Eliminar esta clase de dilación aumenta el ímpetu.

Robert Schuller tiene un buen dicho: «No te acabes, lánzate dentro de aguas más profundas». No se detenga después de un triunfo, mantenga hacia adelante la fuerza del ímpetu.

Uno de los grandes premios de la victoria es la oportunidad de hacer más. El problema es que nos hemos inoculado pequeñas dosis de triunfos que nos alejan de atrapar el gran triunfo.

Mientras escribo este segmento sobre el ímpetu, no puedo sacar de mi mente el cuadro de una gran peña en la cima de una colina. Esta peña representa nuestra vida. Si la balanceo hacia atrás y hacia adelante, y hago que se ponga en movimiento, su ímpetu la hará casi imparable. Lo mismo sucede con nosotros.

La Biblia promete el ímpetu divino de Dios en nuestras vidas. El apóstol Pablo escribe en Filipenses 1.6: «*Estando persuadido de esto, que el que comenzó en vosotros la buena obra, la perfeccionará hasta el día de Jesucristo*». El ímpetu de Dios resulta siempre en crecimiento.

Hay cinco formas de tener ímpetu divino en su vida:

1. Fructificar (2 Corintios 9.10).
2. Hablar la verdad (Efesios 4.15).
3. Madurar espiritualmente (Hebreos 6.1).
4. Anhelar la Palabra de Dios (1 Pedro 2.2).
5. Crecer en la gracia y el conocimiento de Jesús (2 Pedro 3.18).

La definición divina de ímpetu espiritual se encuentra en 2 Pedro 1.5-8:

«Vosotros también, poniendo toda diligencia por esto mismo, añadid a vuestra fe virtud; a la virtud, conocimiento; al conocimiento, dominio propio; al dominio propio, paciencia; a la paciencia, piedad; a la piedad, afecto fraternal; y al afecto fraternal, amor. Porque si estas cosas están en vosotros, y abundan, no os dejarán estar ociosos ni sin fruto en cuanto al conocimiento de nuestro Señor Jesucristo».

Libérese de cualquier cosa que lo detenga.

Gema # 18

Encontrará siempre
la mano más servicial
al final de su propio brazo

Una de las más grandes mentiras del mundo es que no somos responsables por nuestras acciones, se nos dice que es culpa de nuestra madre, de nuestro empleador, de nuestro vecino, de nuestros gobernantes, de la sociedad, etc. Pero en Romanos 14.12 la Biblia indica claramente quién es el responsable de nuestros hechos: *«De manera que cada uno de nosotros dará a Dios cuenta de sí».*

Queremos, y hasta intentamos, echar la culpa a otros, pero no podemos huir de la verdad. Cuando señalamos a alguien con el dedo, hay tres dedos más que nos señalan.

A través de toda mi carrera como asesor he conocido a muchos hombres de negocios buscar respuestas por todas partes. Me sorprendía ver cuántos buscaban con ansias la ayuda de otras personas, teniendo entre ellos y Dios todo lo que necesitaban para triunfar. Estaban fácilmente dispuestos a renunciar al control de su visión a favor de otros, a cambio de dinero o de compañía. Su equivocación consistía en buscar a otros en lugar de buscar a Dios.

Esta clase de falsa seguridad conduce siempre a relaciones desequilibradas que con el tiempo llevan a la destrucción de la persona y de sus sueños.

Ahora creo que Dios envía personas a nuestro camino para bendecirnos y ayudarnos. Pero debemos tener la dirección de Él y ser muy cuidadosos al hacer una sociedad. Debemos asegurarnos de que la razón para la relación de socios sea la correcta; de que no es un intento para hacer una transacción o para buscar un atajo.

Por cada sociedad que triunfa hay cientos que son desastres. Tenga cuidado cuando se afilie con alguien más. En Éxodo Dios dio a Moisés un consejo que hoy día se aplica a nosotros como cristianos: «*Guárdate de hacer alianza con los moradores de la tierra donde has de entrar, para que no sean tropezadero en medio de ti*» (Éxodo 34.12).

Creo que Dios quiere que aprendamos por nosotros mismos la mayor parte de lo que nos quiere enseñar. Mark Twain dijo: «Un hombre que agarra un gato por la cola aprende algo que no puede aprender de otra manera».

Decida por usted mismo. Aprenda por usted mismo. Responda por usted mismo.

LO MÁS NATURAL QUE DEBE HACER CUANDO SEA DERRIBADO ES PONERSE DE PIE

Cómo responder a los fracasos y a las equivocaciones es una de las decisiones más importante que tomamos diariamente. El fracaso no significa que no se ha hecho nada. Siempre existe la posibilidad de aprender algo. Lo que hay en su voluntad es siempre más grande que lo que hay a su alrededor.

Todo el mundo experimenta el fracaso y comete equivocaciones. En realidad, los individuos prósperos han tenido más fracasos en la vida que el promedio de las personas. Usted descubrirá que a través de la historia todos los grandes hombres fallaron en algún momento de su vida. **Sólo quienes no esperan nada, nunca se desilusionan. Sólo quienes nunca lo intentan, jamás fracasan.** Cualquiera que está alcanzando algo en la vida se está al mismo tiempo arriesgando al fracaso. Siempre es mejor fracasar tratando de hacer algo, que no fracasar sin hacer nada. Un diamante defectuoso es más valioso que un ladrillo perfecto. Los individuos que no tienen fracasos tienen pocas victorias.

Cualquiera puede caer, lo que cuenta es cuán rápido se levanta. Hay una correlación positiva entre la madurez espiritual y la rapidez con que una persona responde a sus fracasos y equivocaciones. Mientras más grande sea el grado de madurez espiritual, mayor será la capacidad de retroceder y seguir adelante. Mientras menor sea la madurez espiritual, mayor el deseo de continuar agarrado de los fracasos del pasado. Todos conocemos individuos que todavía están asidos de las equivocaciones que cometieron hace muchos años. Dios no nos ve como fracasos, nos ve como aprendices.

Cuando no aprendemos de la experiencia es cuando hemos fracasado. La decisión es nuestra. Podemos convertir un fracaso en un poste para atar caballos o en un poste que señala el camino.

He aquí la clave para ser libre de la opresión que conllevan las equivocaciones y fracasos del pasado: aprender la lección y olvidar los detalles. Benefíciese de la experiencia, pero no vuelva una y otra vez a recordar los detalles de ella. Trabaje sobre la experiencia, y continúe su vida.

Recuerde: **el llamado es más alto que la caída.**

Gema # 20

Quienes no se arriesgan no progresan

Todos los grandes descubrimientos fueron hechos por personas cuya fe se adelantó a su razonamiento. Los logros significativos no se obtienen corriendo pequeños riesgos o afrontando problemas sin importancia. No desperdicie el tiempo planificando, analizando y arriesgándose por ideas que no valen la pena. Es sabio emplear más tiempo en las decisiones irreversibles y menos tiempo en las reversibles.

Aprenda a extenderse, a llegar donde está Dios. Apunte alto, y corra riesgos. La actitud del mundo es mirar al próximo año en base a lo que sucedió el año pasado. Los cristianos debemos alcanzar el potencial, no considerar el pasado. Quienes dan grandes zancadas son quienes se arriesgan y hacen planes frente a los desafíos de la vida.

No se quede tan atrapado en asuntos pequeños que no pueda sacar ventajas de las oportunidades. La mayor parte de las personas pasan toda su vida bajando baldes a pozos vacíos. Desperdician sus días tratando de sacarlos de nuevo.

Decida hoy mismo soñar en grande y esforzarse por llegar a todo el potencial de su llamamiento. Escoja lo principal en los asuntos importantes de la vida, no de los insignificantes. H. Stern dijo: «Si cazas conejos en territorio de tigres debes cuidarte de los tigres, pero si cazas tigres en territorio de conejos no le hagas caso a los conejos». Hay muchos tigres alrededor, no se distraiga ni busque los conejos de la vida. Ponga la mirada en «la caza mayor».

La seguridad y la oportunidad son totalmente extrañas. Si una empresa no incluye fe, no vale la pena que se pida la dirección de Dios. No creo que Dios llame a ninguno de nosotros para hacer algo que no incluya un elemento de fe en Él.

Un viejo refrán dice: «Ni siquiera una tortuga puede adelantar a menos que estire su cuello».

Sueñe en grande porque sirve a un gran Dios.

«RECUERDE QUE LA FE PARA MOVER MONTAÑAS TIENE SIEMPRE UNA PICA» —ANÓNIMO

Levantarse por sobre la mediocridad no es algo que sencillamente sucede, es el resultado de la fe combinada con las obras.

La fe sin obras es como el oro en la montaña, no tiene valor alguno hasta que se extrae. **Alguien con fe sin obras es como un pájaro con alas pero sin patas.** La Biblia dice en Santiago 2.17: *«Así también la fe, si no tiene obras, es muerta en sí misma».*

Los principios bíblicos establecen que nada es igual a nada.

Los creyentes debemos poner nuestra fe en acción. Un individuo con fe y acción constituye mayoría. No espere que su barco venga a usted, nade hacia él. Thomas Edison lo dijo de la mejor manera: «La mayoría de las personas pasan por alto la oportunidad debido a que esta se viste con ropa de trabajo y da a entender esfuerzo». La verdadera fe tiene manos y pies; requiere acción. No es suficiente «saber que usted sabe». Es más importante *mostrar* que sabe.

La palabra *trabajo* aparece en la Biblia 564 veces. Así que trabajo no es un vago concepto bíblico. Cuando la fe y las obras operan juntas, el resultado es una obra de arte. Debemos decidir que nuestra fe se mantenga en acción todo el tiempo y no desistir. George Bernard Shaw dijo: «Cuando joven observé que nueve de cada diez empresas que acometí fracasaron. Así que trabajé diez veces más».

Cuando se le preguntó a Kemin Wilson, el fundador de Holiday Inns, cómo obtuvo el éxito, contestó: «Verdaderamente no sé por qué estoy aquí. Nunca obtuve un grado, y sólo he trabajado la mitad de cada día toda mi vida. Creo que mi consejo es que hagan lo mismo: que diariamente trabajen medio día. No importa qué mitad, las primeras doce horas o las segundas». Conéctese con el poder que se produce cuando la fe se mezcla con la acción, y entonces observe cómo actúa Dios en su situación.

SEGUNDA PARTE:
UNA MIRADA AL EXTERIOR

SER SIERVO NO LO HARÁ FAMOSO, SOLAMENTE RICO

Hace algún tiempo recibí una llamada telefónica. Cuando contesté, una voz dijo:

—¡Bang! ¡Estás muerto!

Me quedé callado. No sabía qué pensar acerca de lo que me habían dicho. Entonces oí una voz familiar, la de James Campbell, un cliente mío:

—John, te llamo sólo para recordarte que cada día todos debemos morir a nosotros mismos.

Eso es verdad. Siempre hay espacio en la cumbre para cualquiera que quiera decir: «Serviré».

Hace varios años escuchaba a Zig Ziglar. En su presentación decía: «Siempre tendrás en la vida todo lo que quieras si ayudas a otros a obtener lo que quieren». Cuando escuché esa afirmación algo salió de mi interior. Entonces allí mismo tomé la decisión consciente de incorporar ese concepto a mi vida. Ha producido un cambio sustancial.

El verdadero liderazgo cristiano comienza siempre con el servicio.

El egoísmo termina siempre en autodestrucción. John Ruskin dijo: «Cuando un hombre se envuelve en sí mismo hace un paquete muy pequeño».

Ser siervo no es siempre lo más natural que podemos hacer. Como usted sabe, todos estamos condicionados a pensar acerca de nosotros mismos. Por eso 97% de todas las personas escriben sus propios nombres cuando se les ofrece una pluma para que la prueben. Sin embargo, a pesar de nuestra tendencia a la autopromoción es cierto que más se logra cuando nadie se preocupa de quien se lleva el crédito.

Dios nos ha llamado siempre a servir a quienes dirigimos. Esté deseoso de servir sin tratar de obtener beneficios. Antes de buscar una manera de conseguir, busque maneras de dar.

Nadie es realmente un éxito en la vida hasta que haya aprendido a servir. El antiguo refrán es cierto: «El camino hacia la sala del trono pasa por los cuartos de los sirvientes». Una de las más sabias decisiones que usted puede tomar en la vida es hacer algo por alguien que no tiene el poder ni los recursos para devolverle el favor. En Mateo 23.11 nuestro Señor dijo: «*El que es el mayor de vosotros, sea vuestro siervo*. En Mateo 20.26, 27 declaró:

Mas entre vosotros no será así, sino que el que quiera hacerse grande entre vosotros será vuestro servidor, y el que quiera ser el primero entre vosotros, será vuestro siervo.

Uno de los más increíbles beneficios de ser cristiano es el hecho de que cuando se dedica a ayudar a otros, no puede remediar el ser recompensado abundante y personalmente. La recompensa y las bendiciones de ser siervo van más allá de lo que se puede ver u oír.

Gema # 23

SUS MEJORES AMIGOS SON QUIENES RESALTAN SUS CUALIDADES

Debemos tener cuidado de la clase de aislamiento que usamos en nuestra vida. Es necesario aislarnos de la gente de ideas negativas. Sin embargo, nunca nos debemos aislar del consejo y sabiduría de Dios.

Es un hecho que la miseria quiere su compañía. Leemos en Proverbios 27.19: *«Como en el agua el rostro corresponde al rostro, así el corazón del hombre al del hombre»*. Proverbios 13.20 dice: *«El que anda con sabios, sabio será; mas el que se junta con necios será quebrantado»*. Llegamos a ser como aquellos con quienes nos asociamos.

Hace unos años me encontraba en un punto de estancamiento en mi vida. Era improductivo e incapaz de ver claramente la dirección de Dios. Un día noté que casi todos mis amigos estaban en la misma situación. Al reunirnos hablábamos de nuestros problemas. Cuando oré sobre este asunto, Dios me mostró que deseaba que tuviera gente de «de principios» a mi alrededor. Esta clase de personas hacen resaltar nuestras cualidades y nos incitan a ser mejores. Nos hacen tener mayor fe y confianza para ver todo desde la perspectiva de Dios. Después de estar con ellos se levantan nuestros espíritus y apreciaciones.

He descubierto que **es mejor estar sólo que mal acompañado.** Una sola conversación con la persona indicada puede ser de mucho más valor que muchos años de estudio.

El Señor me mostró que tenía que cambiar mis relaciones íntimas, que debía estar regularmente en contacto con otras personas. Estos eran hombres y mujeres de mucha fe, personas que me hicieron mejor sólo por estar cerca de ellas. Fueron quienes vieron los dones que tenía, que pudieron corregirme de manera constructiva y amorosa. La decisión de cambiar mis relaciones íntimas fue un punto crucial en mi vida.

Cuando usted se rodea y afilia con la clase indicada de personas, entra en el poder de convenio ordenado por Dios. Eclesiastés 4.9, 10, 12 afirma: *«Mejores son dos que uno; porque tienen mejor paga de su trabajo. Porque si cayeren, el uno levantará a su compañero; pero ¡ay del solo! Que cuando cayere, no habrá segundo que lo levante. Y si alguno prevaleciere contra uno, dos le resistirán; y cordón de tres dobleces no se rompe pronto».*

Usted debe navegar lejos de los «expertos» en pensamiento negativo. **Recuerde: a los ojos de la gente del montón el promedio se considera siempre sobresaliente.** Observe con mucho cuidado las relaciones íntimas en su vida porque ellas indican la dirección en la que va.

Gema # 24

ESTAMOS LLAMADOS A DESTACARNOS, NO A MEZCLARNOS

Muchas veces una mayoría es un grupo de lerdos altamente motivados. Si mil individuos dicen una tontería, sigue siendo tontería. La verdad no depende del consenso de opinión.

En 1 Pedro 2.9 la Biblia dice de nosotros los cristianos: «*Sois linaje escogido, real sacerdocio, nación santa, pueblo adquirido por Dios, para que anunciéis las virtudes de aquel que os llamó de las tinieblas a su luz admirable*». Romanos 12.2 nos exhorta: «*No os conforméis a este siglo, sino transformaos por medio de la renovación de vuestro entendimiento, para que comprobéis cuál sea la buena voluntad de Dios, agradable y perfecta*».

Uno de los más grandes cumplidos que alguien puede hacerle es decir que usted es diferente. Los cristianos vivimos en este mundo, pero somos extranjeros. Debemos hablar, actuar y desempeñarnos de manera diferente. Estamos llamados a destacarnos.

Debe haber en usted algo que lo distinga. Si no se destaca en un grupo, si no hay algo único o diferente en su vida, debería reevaluarse.

Una manera de mantener la cabeza y los hombros sobre la multitud es decidirse a hacer con gran entusiasmo lo regular y ordinario de manera sobrenatural y extraordinaria. Dios siempre ha hecho su mejor obra a través de los remanentes, cuando las circunstancias parecen estar en situación desventajosa para ellos. En efecto, en cada batalla descrita en la Biblia, Dios estuvo siempre del lado de la minoría «desamparada».

La regla de la mayoría no siempre es correcta. Por lo general, las personas que no tienen sueños ni visiones son quienes quieren votar. Los grupos tienen la tendencia a estar de acuerdo con cursos de acción que individualmente saben que no son correctos.

No permita que ninguna posición de grupo lo persuada o disuada. No es una regla que usted deba creer si alguien más lo hace.

Nunca reciba dirección de una multitud para su vida personal. Nunca decida desistir sólo porque otra persona está en desacuerdo con usted. En efecto, los dos peores argumentos que puede esgrimirse a usted mismo cuando tiene una idea son: 1) «Eso nunca se ha hecho antes», y 2) «Eso ya se hizo antes». Sólo porque alguien más ha ido por un camino y ha fracasado no significa que usted también fracasará.

Sea pionero, agarre unas pocas flechas y destáquese.

Gema # 25

Hoy es el día de decidirse a atravesar lo que ha estado atravesando

Deje de hablar a toda hora de la situación que atraviesa. ¡Decida ahora atravesarla! ¿Qué quiero decir con esta afirmación? **Que no acepte su actual situación pasajera como su futura situación permanente.** A pesar de sus circunstancias ordinarias, estructure su mente para seguir adelante en la vida y cumplir con el propósito y llamamiento divinos.

Dios quiere que cada uno de nosotros sobreviva a cualquier situación que enfrentemos en la vida. No nos debe mover lo que vemos, sino lo que no vemos. Esto es lo que el apóstol Pablo quiso decir cuando escribió que caminamos por fe, no por vista (2 Corintios 5.7). Hoy es el día de empezar a caminar por fe, ¡exactamente más allá de sus actuales circunstancias!

Si por años ha dicho: «Estoy pasando por esta situación», tiene que cambiar su historia. Empiece a declarar: «¡Basta! Ahora es el momento de salir de esta confusión!»

La Biblia contiene muchas promesas que hoy día puede hacer suyas. Si cree y se adueña de ellas comenzará a ver, con el tiempo o de inmediato, sus circunstancias alineadas con la Palabra y la voluntad de Dios.

Como ve, el diablo es quien nos dice que nunca tendremos victoria, que no atravesaremos lo que estamos atravesando. Pero en 1 Corintios 10.13 se nos dice: «*No os ha sobrevenido ninguna tentación que no sea humana; pero fiel es Dios, que no os dejará ser tentados más de lo que podéis resistir, sino que dará también juntamente con la tentación la salida, para que podáis soportar*».

Este es el versículo del que podrá asirse para mantenerse firme. Dios es fiel. Él proveerá una salida. Usted puede tomar su posición de fe y proclamar firmemente: «¡Voy a atravesar lo que he estado atravesando!» Quizás las circunstancias naturales permanezcan todavía invariables, pero ante Dios usted ya la superó.

Hay quienes permanecen en la misma situación desesperada toda la vida, sin tomar jamás una firme decisión de buscar el poder de Dios para superar las circunstancias que afronta. El mandamiento de que seamos pacientes en el sufrimiento no requiere que permanezcamos en una situación miserable un segundo más de lo absolutamente necesario. He aquí cómo nos equilibramos para vencer las dificultades: «*No os conforméis a este siglo, sino transformaos por medio de la renovación de vuestro entendimiento, para que comprobéis cuál sea la buena voluntad de Dios, agradable y perfecta*» (Romanos 12.2). Sea transformado a la Palabra de Dios por medio de la renovación de su mente. Entonces sabrá cuál es la buena y perfecta voluntad del Señor y podrá atravesar, de una vez por todas, lo que ha estado atravesando desde hace tanto tiempo.

DIGA NO A MUCHAS BUENAS IDEAS

Uno de los trucos del diablo es hacernos decir sí a demasiadas cosas. Entonces acabamos abarcando tanto que nos volvemos mediocres en todo y excelentes en nada.

Existe una fórmula garantizada para el fracaso: tratar de agradar a todos.

Hay diferencia entre lo bueno y lo correcto. Para muchas personas es con frecuencia un desafío discernir esto. Nuestra más alta responsabilidad como cristianos es hacer siempre lo correcto. Esto es lo primero. Deberíamos primero hacer con excelencia lo que estamos llamados a hacer, es decir lo correcto, antes de comenzar a diversificarnos en otras áreas.

Llega un momento en la vida de cada persona en que tiene que aprender a decir no a muchas buenas ideas. En efecto, mientras más crezca un individuo, más oportunidades tendrá para decir no. Centrarse es una clave para obtener resultados. Quizás a ninguna otra virtud se le hace tan poco caso como clave para crecer y triunfar. La tentación es siempre hacer un poco de todo.

Decir no a una buena idea no siempre significa nunca. Tal vez significa no en este instante.

Hay poder en la palabra *no*. No es una palabra ungida que puede romper el yugo del sobresometimiento y la debilidad. Se puede usar para cambiar una situación de mala a buena, de indebida a correcta. Decir no puede liberarlo de cargas que no necesita llevar ahora mismo.

Puede también permitirle entregar el tiempo y esfuerzo debidos a las prioridades de Dios en su vida.

Estoy seguro de que cuando leyó el título de esta gema llegaron a su mente experiencias pasadas y situaciones presentes. Estoy seguro de que usted recuerda muchas situaciones en las que el *no* o el *no ahora mismo* hubiera sido la respuesta adecuada. No se coloque en esa clase de desilusión en el futuro.

«Sí» y «no» son las dos palabras más importantes que usted siempre dirá. Ellas determinarán su destino en la vida. Cómo y cuándo las dice afectará todo su futuro.

Decir no a lo pequeño puede significar decir sí a las prioridades de su vida.

Gema # 27

SIEMPRE HAY COMIDA GRATIS
EN UN ANZUELO

¿**S**abía que el mejor atajo que puede tomar es hacer lo que Dios dice, en el tiempo de Él? Los atajos fuera de la voluntad de Dios invitan al compromiso y crean lucha y confusión.

Los creyentes debemos entender que somos corredores de resistencia. Somos maratonistas. No estamos en una carrera corta de gran velocidad. No debemos buscar esquemas de enriquecimiento fácil y rápido o atajos que abran la puerta al compromiso.

Hay un viejo refrán que es absolutamente cierto: «Si pones atención en aprender los trucos del negocio, nunca aprenderás el negocio». Cuidado con las modas y manías, incluso las espirituales, porque pueden ser de corta duración.

Una historia narra acerca de un hermoso pájaro conocido por su melodioso trinar. Se posaba en lo más alto de un árbol y ejecutaba toda clase de encantadoras melodías. Un día un hombre caminaba por el bosque. Pasó cerca del árbol y oyó cantar al hermoso pájaro. Este vio al hombre y se dio cuenta de que tenía una caja.

—¿Qué tienes en la caja? —preguntó.

—Grandes y deliciosas lombrices —replicó el hombre—. Te daré una a cambio de una de tus hermosas plumas.

El pájaro descendió, se sacó una pluma y la dio a cambio de una lombriz. Entonces tomó la lombriz y la comió. Reflexionó: «¿Por qué debo trabajar tan duro para conseguir una lombriz si es tan fácil obtenerla de esta manera?»

Bien, este trato continuó por varios días, y pronto el pájaro no tuvo ninguna pluma para pagar por las lombrices. Además, ya no pudo volar y nunca más fue hermoso. Por tanto no pudo cantar más las encantadoras melodías. Este fue un pájaro tonto e infeliz.

Igual que este necio pájaro estamos siempre sujetos a la tentación de buscar atajos, caminos que nos lleven adelante y nos permitan obtener lo que queremos y los resultados que deseamos. Pero al igual que esta pobre criatura aprendió para su remordimiento que hay un precio asociado con el tomar atajos.

Con el tiempo aprenderemos que no hay atajos para el triunfo. Una de las verdades escondidas de la vida es el hecho de que la senda para el premio es siempre más valiosa que el premio mismo. Los atajos nos roban las valiosas lecciones que debemos aprender por el camino. Diga no cuando se le presente una opción para tomar un atajo, un camino que no es de Dios. Sea persistente y manténgase en el camino en el que Dios lo colocó.

Sí, es verdad: **debemos permanecer en la senda de la circunsferencia del tiempo antes de llegar al centro de la oportunidad.**

CUANDO REHÚSA CAMBIAR
TERMINA ENCADENADO

Los humanos hemos sido fabricados para cambiar.

Los objetos inanimados como ropa, casas y edificios no tienen la capacidad de cambiar. Con el tiempo pasan de moda y llegan a ser inútiles. Sin embargo, cualquiera de nosotros puede cambiar en cualquier punto del tiempo y en cualquier edad. Cambiar no siempre significa hacer lo opuesto. En realidad, casi siempre significa añadir algo o hacer pequeños ajustes.

Continuamos dirigiéndonos hacia la misma meta, pero tal vez de manera ligeramente diferente, cuando el Señor nos invita a cambiar. Cuando renunciamos a cooperar con el cambio que Él nos pide, hacemos cadenas que nos atan y limitan.

Hay tres aspectos que sabemos acerca del futuro: 1) que no va a ser como el pasado, 2) que no va a ser exactamente de la manera que pensamos que va a ser, y 3) que el cambio será más rápido de lo que nos imaginamos. La Biblia dice que los cambios se producirán más rápidamente en los tiempos finales en que nos encontramos, que nunca antes en la historia.

En 1803 los británicos crearon una posición de servicio civil en la que a un hombre se le pedía permanecer en los riscos de Dover con un lente de espía. Su trabajo consistía en mirar la invasión. Debía hacer sonar una campana si veía que el ejército de Napoleón Bonaparte se acercaba. Eso estaba bien para la época, ¡pero ese trabajo no se eliminó hasta 1945! ¿Cuántos lentes de espía en los farallones de Dover todavía retiene nuestra vida? **Hoy día no deberíamos permitir que «la forma en que siempre lo hemos hecho» nos haga perder las oportunidades que Dios nos ha preparado.**

Aun las más preciosas de todas las gemas deben cincelarse y pulirse para que alcancen su máximo brillo. No hay nada que permanezca tan constante como el cambio. No acabe como el hormigón: mezclado y colocado permanentemente.

El Señor declara en Isaías 42.9: «*He aquí se cumplieron las cosas primeras, y yo anuncio cosas nuevas; antes que salgan a la luz, yo os las haré notorias*». La Biblia nos dice cómo responder con antelación al cambio. Como ve, creo que podemos decidir con anticipación cómo responderemos a la mayoría de situaciones. Cuando hace muchos años yo era entrenador de básquetbol solía decir a mis jugadores que la mayoría de situaciones se pueden preparar con anticipación al momento. Ensayábamos diferentes situaciones de juego, de manera que los jugadores sabían cómo responder cuando les correspondía en la realidad. **Una de las razones principales por la que se escribió la Biblia fue para prepararnos anticipadamente, para enseñarnos cómo responder de antemano a muchas de las situaciones que encontraremos en la vida.**

Decida fluir con el plan de Dios. Sea sensible a las cosas nuevas. Él está obrando. Permanezca flexible al Espíritu Santo y sepa que el nuestro es un Dios que dirige, ajusta, mueve y nos corrige. Él está siempre trabajando para traernos a la perfección.

TODO LO GRANDE
COMIENZA CON ALGO PEQUEÑO

Todos los grandes personajes de Dios en la Biblia fueron fieles en las cosas pequeñas. Jesús contó en Mateo 25 la parábola de los talentos. En ella se refirió al siervo que había recibido el dinero de su amo y lo había multiplicado. En el versículo 23 su amo dijo a ese hombre: «*Bien, buen siervo y fiel; sobre poco has sido fiel, sobre mucho te pondré; entra en el gozo de tu señor*». En Zacarías 4.10 el Señor dice: «*Porque los que menospreciaron el día de las pequeñeces se alegrarán*». Hay un principio poderoso en dar pequeños pasos.

Muchos no caminan ahora con Dios sencillamente porque no quieren dar los pequeños pasos que Él ha puesto delante de ellos. Usted debería saltar hacia la oportunidad, y caminar en esa dirección, si ha recibido un llamado del Señor en alguna área particular, por pequeña que sea. Si tiene un llamado a ser pastor de jóvenes, y está sentado en casa esperando una invitación de alguna iglesia grande, sepa que así esta no llegará. Usted debe acercarse al primer joven que encuentre, poner el brazo sobre el hombro de él y empezar a ministrarlo.

No tenga miedo de dar pequeños pasos. La Biblia nos promete que si somos fieles sobre poco, un día estaremos sobre mucho.

Muchas veces lo imposible es simplemente lo que no se ha intentado.

Recuerdo la época de mi vida en que estaba literalmente paralizado por miedo al llamado de Dios. Me parecía una tarea tan gigantesca que me sentía incapaz de enfrentarla. Un amigo se me acercó y pronunció dos palabras que rompieron esa parálisis en mi vida: «¡Haz algo!» Si usted está en un punto de parálisis en su vida debido a lo que Dios quiere que haga, el mensaje de hoy es: «¡Haga algo!» No se preocupe de la meta, sólo dé el paso inicial y pronto llegará a un punto del que no podrá regresar. Mientras más alto suba, más lejos será capaz de ver.

Debemos aprender a crecer dondequiera que estemos plantados.

No tenga miedo al empezar. Eric Hoffer dijo: «El temor de llegar a ser un nombre del pasado impide a algunos llegar a ser alguien». Toda gran idea parece imposible desde donde usted comienza ahora. Sin embargo, las pequeñas metas crecen, y lo hacen rápidamente. La mayor parte de las personas no triunfan porque tienen demasiado miedo hasta de intentarlo. No empiezan por el viejo temor al fracaso.

Muchas veces la meta final parece tan inalcanzable que nos impide hacer el más mínimo esfuerzo. Pero una vez que haya tomado su decisión y haya arrancado, se encuentra a más de la mitad del camino. Dios empezará con usted ahora, no importa cuáles sean sus circunstancias. Sólo piense en cuán agradecido estaría si perdiera todo lo que tiene ahora mismo y luego lo recuperara. ¿Estaría listo para actuar? Elija pensar constantemente, pero actúe cada día.

UN RESENTIMIENTO PESA UNA TONELADA

El perdón es esencial para las buenas relaciones humanas. No se puede abrazar con los brazos cruzados.

Perdonar a otros nos asegura también el perdón de Dios por nuestras faltas y fracasos. Jesús dijo en Mateo 6.14, 15: *«Porque si perdonáis a los hombres sus ofensas, os perdonará también a vosotros vuestro Padre celestial; mas si no perdonáis a los hombres sus ofensas, tampoco vuestro Padre os perdonará vuestras ofensas».* El peso de la inmisericordia arrastra profundamente a una persona. Es una enorme carga para llevar en la carrera que los cristianos debemos correr.

Cuando nos enfrentamos a la decisión de perdonar y olvidar, no usemos la excusa: «¡Pero nadie sabe lo que ese fulano me hizo!» Tal vez sea verdad, pero la pregunta es: «¿Sabe lo que el resentimiento le hará a usted?»

Lo que en realidad importa es lo que suceda en nosotros, no lo que nos suceda.

La falta de perdón conduce a una gran amargura, que es un mortal desperdicio del celestial flujo creativo. Se usan grandes cantidades de energía y poder cerebral en considerar una situación negativa y planificar cómo «desquitarse». Este es un pensamiento totalmente improductivo. Quienes tienen el hábito de quemar puentes descubrirán que se quedan solos y aislados, y que tendrán que tratar con enemigos y personas indiferentes el resto de su vida. Por eso es que debemos construir puentes, no quemarlos. La venganza es una pobre compañera de viaje. Todo cristiano está llamado al ministerio de la reconciliación (2 Corintios 5.18). Desquitarse produce siempre desequilibrio e infelicidad en una vida.

Al trabajar con iglesias por todos los Estados Unidos, he encontrado inmisericordia en toda situación de estancamiento. A la inversa, por lo general he descubierto que las iglesias prósperas no hablan de los problemas pasados.

No subestime nunca el poder del perdón para soltarlo y liberarlo a que pueda cumplir sus metas y su llamado. Es el único poder que tiene sobre alguien que murmura o lo critica. **Mientras más practique la clemencia, mayor será la distancia que coloca entre usted y la situación negativa.**

El perdón le da ligereza en su caminar espiritual y nuevas energías en la carrera de la vida.

Gema # 31

No entregue su sueño a negativas ruidosas

Nadie puede hacer sin su permiso que usted se sienta del montón. Le llegarán ingratitudes y críticas. Son parte del precio que se paga por salir de la mediocridad pasada. Jesús mismo, después de curar a los diez leprosos, sólo recibió el agradecimiento de uno de ellos (Lucas 17.11-19). Debemos aprender a esperar ingratitud de los demás, en vez de sorprendernos por ella.

Si usted camina con Dios será criticado. **La única manera segura de librarse de la crítica es ser y no hacer nada.** Quienes hacen cosas se enfrentan inevitablemente a la crítica.

Sin embargo, la Biblia ofrece esta gran promesa respecto a la crítica: **La verdad siempre dura más que una mentira.** Proverbios 12.19 respalda este hecho: «*El labio veraz permanecerá para siempre; mas la lengua mentirosa sólo por un momento*». También en Hebreos 13.6 se nos dice: «*De manera que podemos decir confiadamente: El Señor es mi ayudador; no temeré lo que me pueda hacer el hombre*».

No debemos juzgar a una persona por lo que dicen de él sus enemigos. Kenneth Tynan nos da la mejor descripción que he oído acerca de un crítico: «Un crítico es un hombre que conoce el camino, pero que no puede manejar el automóvil». **Como cristianos se nos llama a**

responder a Dios, no a la crítica. La crítica presentará a menudo la mejor plataforma desde la que podamos proclamar la verdad.

La mayor parte del tiempo las personas críticas son celosas o ignorantes, dicen por lo general cosas que no tienen ninguna clase de influencia en la verdad. Un famoso proverbio anónimo describe perfectamente esta situación: «Es inútil para las ovejas que se dicten leyes a favor del vegetarianismo mientras el lobo tenga una opinión diferente». Si lo que usted dice y hace es de Dios no tendrá mayor influencia si cada persona sobre la faz de la tierra se para y critica. De la misma manera, si no es de Dios nada que los demás digan lo hará correcto.

No preste atención a la crítica negativa. «*Confía en Jehová, y haz el bien*» (Salmos 37.3), sabiendo que al final será recompensado lo que haga en el Señor.

Gema # 32

CONVIERTA SU PROBLEMA
EN UNA OPORTUNIDAD

Cada obstáculo enfrenta a una persona consigo misma.

La forma en que respondemos a los obstáculos en nuestro camino es algo importante.

El mejor ejemplo de un obstáculo en la Biblia es el del gigante Goliat que confrontó e intimidó a los ejércitos de Israel, incluyendo a los hermanos de un joven pastor de ovejas llamado David. Por supuesto, sabemos que los hermanos de David decidieron no hacer nada con el obstáculo que se les presentó, mas David no. La diferencia entre David y sus hermanos fue esta: Ellos vieron al obstáculo y lo imaginaron tan grande que no podrían golpearlo, pero David lo vio tan grande que no podía errar el golpe.

La manera en que usted mire cualquier obstáculo en su vida hace que todo sea distinto.

Permita que cada nuevo obstáculo lo fuerce a ir al siguiente nivel en Dios. **Ningún obstáculo lo dejará de la misma manera en que lo encontró.** Usted será mejor o peor como resultado de esa confrontación. Sin embargo, tenga en mente un hecho importante sobre los obstáculos: su duración es limitada. Muchas veces nos preocupamos por algo del año pasado que ni siquiera podemos recordar ahora. Una de las grandes mentiras del diablo es que las cosas no cambiarán, que no pasarán.

Los mediocres tienen la tendencia a dejarse sojuzgar y avasallar por los obstáculos, pero los grandes líderes siempre se levantan por encima de ellos. Usted y yo debemos ser como aquel gran hombre al que le preguntaron quién le había ayudado a vencer los obstáculos de la vida, y respondió: «Los demás obstáculos». Debemos ser como una cometa que se levanta contra el viento, haciendo que trepe más y más alto. Cada problema tiene una debilidad: una respuesta.

Puesto que muchos de los obstáculos que enfrentamos se relacionan con el dinero, la perspectiva correcta es saber que si se puede resolver con una libreta de cheques no es realmente un obstáculo, es un gasto.

Alguien ha dicho que un obstáculo es lo que vemos cuando quitamos los ojos de la meta. Mantenga los ojos en la meta y recuerde que no estamos solos en la lucha porque «*sabemos que a los que aman a Dios, todas las cosas les ayudan a bien, esto es, a los que conforme a su propósito son llamados*» (Romanos 8.28).

Hablando con propiedad, **en tiempos de adversidad usted no tiene un obstáculo con el cual tratar, tiene una decisión para tomar.** En medio de circunstancias increíbles, crea.

SI NO ESTÁ SEGURO, NO LO HAGA

En una ocasión un cazador se encontró con un oso en el bosque. El oso dijo al cazador:

—Quiero un estómago lleno.

—Quiero un abrigo de piel —respondió el cazador.

—Trato hecho —sugirió el oso, e inmediatamente devoró al hombre.

Como resultado los dos consiguieron lo que querían: el oso se fue con el estómago lleno y el hombre se fue envuelto en piel.

Este cazador aprendió la lección del acuerdo: **cuando tenga que elegir entre el menor de dos males, no escoja ninguno.**

En Deuteronomio 30.19, el Señor dice a su pueblo: «*A los cielos y a la tierra llamo por testigos hoy contra vosotros, que os he puesto delante la vida y la muerte, la bendición y la maldición; escoge, pues, la vida, para que vivas tú y tu descendencia.* Usted y yo tenemos una elección. Día a día debemos escoger entre la vida y la muerte. No debemos hacer algo solamente; debemos siempre buscar lo mejor. El hecho es que en raras ocasiones el hombre firme es quien solicita una componenda. Esta resultará siempre más cara que cualquiera de las alternativas.

El llamamiento es siempre a la excelencia, nunca a la mediocridad. Si algo es digno de hacerse, es digno de hacerse bien. Si usted no puede hacerlo con excelencia, no se moleste en hacerlo. Alguien dijo: «Si no tiene tiempo de hacerlo bien, ¿cuándo tendrá tiempo de hacerlo mejor?»

Cuando se permite la componenda en un área, siempre se filtra y comienza a afectar otras áreas. También permite que las mentiras, el engaño y el error se arrastren dentro de la vida y la dominen. Conozco seres que han dejado completamente al Señor. Todos sus problemas comenzaron por sus componendas. Empezaron a permitir pequeñeces que pronto llegaron a ser asuntos serios. No pasó mucho antes de que la componenda empezara a infiltrarse en su vida personal, y luego en su vida familiar. Con el tiempo lo dominó todo y los abrumó.

En Proverbios 4.26, 27, el escritor nos advierte: «*Examina la senda de tus pies, y todos tus caminos sean rectos. No te desvíes a la derecha ni a la izquierda; aparta tu pie del mal*».

No permita que la componenda entre en usted y lo destruya. Usted no puede decir: «Bueno, arreglaré sólo esta área, y todo lo demás mejorará». Una vez que se le da pie, la componenda crece y se extiende.

Sea íntegro. Vigile su reputación, la de Jesucristo y la de su Iglesia. Si la única manera en que los demás pueden saber que usted es cristiano es por el símbolo del pez en su tarjeta de presentación, háganos el favor de dejarla en casa. Adopte hoy una posición contra las componendas.

Gema # 34

«UN EJÉRCITO DE OVEJAS COMANDADO POR UN LEÓN DERROTARÍA A UN EJÉRCITO DE LEONES COMANDADO POR UNA OVEJA»
VIEJO PROVERBIO ÁRABE

¿Cuáles son las acciones y atributos de un líder? ¿Qué es lo que lo hace diferente de otros?

1. Un líder está presto siempre a elogiar.
2. Un líder aprende a usar en su camino hacia la cumbre las frases «gracias» y «por favor».
3. Un líder siempre está en crecimiento.
4. Un líder está poseído por sus sueños.
5. Un líder se lanza hacia adelante antes de que el éxito sea seguro.
6. Un líder no tiene miedo a la confrontación.
7. Un líder habla de sus propios errores antes que de los errores de otros.
8. Un líder es alguien de integridad y honestidad.
9. Un líder tiene buena reputación.
10. Un líder incita a los demás a ser mejores.
11. Un líder es rápido para elogiar y estimular el más mínimo mejoramiento.
12. Un líder está genuinamente interesado en los demás.
13. Un líder busca oportunidades para encontrar a alguien haciendo algo correcto.

14. Un líder frecuenta a otros.
15. Un líder responde a sus propios fracasos, y los reconoce antes de que los demás los descubran y revelen.
16. Un líder no permite que se murmure de sí mismo ni de otros.
17. Un líder es específico en sus metas.
18. Un líder es responsable ante aquellos que trabajan con él.
19. Un líder hace lo correcto antes que lo popular.
20. Un líder es un servidor.

Un líder es un león, no una oveja.

Desarrollar a otros es un bumerán

Un famoso poema antiguo dice:

«Cuando los días son cálidos y las moscas pican, use el sentido del caballo: coopere.

Esta es una verdad que todos los caballos conocen, la aprendieron hace muchos siglos.

Una cola en la retaguardia puede alcanzar esa mosca detrás del oído.

Pero dos colas dispuestas con destreza pueden llegar tanto a la proa como a la popa».

Su decisión de sobreponerse a la mediocridad arrastrará a otros con usted.

Seguir la voluntad de Dios en nuestras vidas afecta siempre a otros y los hace mejores. William Danforth dijo: «Nuestras más valiosas posesiones son las que se pueden compartir sin que disminuyan, las que se multiplican cuando se comparten. Nuestras posesiones menos valiosas son las que disminuyen cuando se dividen».

Debemos buscar oportunidades para invertir a nosotros mismos en otros, y para ayudarlos a ser mejores.

Alguien lo hizo por usted en una ocasión. Alguien vio algo en usted y extendió la mano para ayudarlo. Ese acto de bondad determinó el lugar en que se encuentra ahora. Puede haber sido su pastor, sus padres, un amigo, un maestro, un entrenador, un vecino o simplemente alguien que le ofreció dinero, oraciones, un buen consejo, equipo o víveres. Quienquiera que haya sido, ese individuo tuvo la visión y los recursos para invertir en usted y arriesgar en su futuro.

Tengo un desafío para usted: Esta semana saque unos minutos y envíe una nota a esas personas que lo ayudaron y afectaron enormemente su vida. También haga esto: Saque unos minutos y ayude a otra persona a seguir adelante. Descubrirá que esta es una de las más satisfactorias experiencias que haya tenido en mucho tiempo.

Proverbios 3.27 dice: «*No te niegues a hacer el bien a quien es debido, cuando tuvieres poder para hacerlo*». Invierta en alguien. Crea en esa persona. Ofrézcale apoyo y ánimo. Ayúdelo a subir a otro nivel.

¡Inténtelo, le gustará! ¡Usted también se beneficiará!

LAS PERSONAS NACEN ORIGINALES, PERO LA MAYORÍA MUEREN COMO COPIAS

El llamamiento en su vida no es a ser copia.

En esta época de grandes presiones, tendencias y modas debemos aceptar y darnos cuenta de que cada persona fue hecha por Dios el Creador. Cada uno de nosotros tiene un llamado único y personal en la vida. Debemos ser nosotros mismos y no copia de otros.

Debido a que ejecuto mucho trabajo con iglesias, estoy en contacto con gran variedad de personas. En cierta ocasión hablaba por teléfono con un pastor a quien nunca había visto y quien no me conocía personalmente. Acordamos que yo visitara su iglesia como asesor. Cuando finalizábamos nuestra conversación y le informé la hora en que llegaría al aeropuerto local, me preguntó:

—¿Cómo lo reconoceré cuando baje del avión?

—No se preocupe pastor; yo lo reconoceré a usted —respondí jocosamente—. Todos los pastores se parecen.

La característica de esta historia es: **sea la persona que Dios hizo.**

El llamamiento de Dios en nuestra vida es su provisión en nosotros. No es necesario imitar los patrones de nadie. **La gente del montón se compara con los demás,**

pero los cristianos debemos siempre compararnos con la persona que Dios nos ha llamado a ser. Esa debe ser nuestra norma, el plan único de Dios y el diseño para nuestra vida. La forma en que el Señor trata a los demás no tiene nada que ver con nuestro propio llamado en la vida, ni con el tiempo ni con la guía de Dios para nosotros.

Siempre podremos encontrar a alguien más rico, más pobre o con mayor o menor habilidad que nosotros. Sin embargo, cómo sean los demás, qué tengan y qué suceda en sus vidas no debe afectar nuestro llamado. En Gálatas 6.4 se nos exhorta: «*Así que, cada uno someta a prueba su propia obra, y entonces tendrá motivo de gloriarse sólo respecto de sí mismo, y no en otro*».

Dios lo hizo a usted de cierta manera: único y especial. Imitar a otros es engañarse y salirse de la plenitud de lo que Dios lo llama a ser y a hacer.

Por tanto, acepte y llegue a ser la persona que Dios hizo. Aproveche la originalidad y el ingenio creativo de Dios en su vida.

Diez verdades evidentes
que no son ciertas

1. La manera de garantizar el éxito no es trabajar duro, sino con inteligencia.

Esta es una idea errónea. Usted descubrirá que los líderes eficientes trabajan tanto ardua como inteligentemente.

2. Actividad igual a logro.

La actividad no es logro. Trabajar duro no significa resultados. No debemos preguntarnos si estamos ocupados, sino en qué estamos ocupados. Servimos a un Dios que se interesa en resultados.

3. Cuide los detalles y ellos cuidarán de usted.

No debemos cuidar, debemos controlar. Si usted no controla su vida, otro lo hará.

4. Si quiere triunfar debe pagar el precio.

Usted no paga por el éxito; el precio del éxito está en usted. La senda hacia el éxito le pertenece. No tiene que renunciar a ella para triunfar.

5. No desperdicie (no mate) el tiempo.

Aunque esta verdad evidente expresa un buen pensamiento, en realidad no es exacta. Cuando usted desperdicia el tiempo, no es el tiempo lo que desperdicia sino su propia vida.

6. Si no está descompuesto, no lo arregle.

Ese no es un buen consejo. Aunque las cosas funcionen, muchas veces se pueden modificar o mejorar significativamente.

7. Lo que ve es lo que consigue.

A los cristianos se nos ordena no dejarnos llevar por lo que vemos sino por la Palabra de Dios. En cada situación de la vida debemos ver más allá de lo que se ve.

8. Es un hombre que se hizo a sí mismo.

No hay tal cosa. Un individuo puede triunfar sólo con la ayuda de Dios y de los demás.

9. Hablar es barato.

Falso. Hablar es muy caro. Lo que alguien dice es lo que finalmente consigue, y por lo que paga.

10. La práctica hace la perfección.

No, la práctica de la perfección hace lo perfecto. La práctica de lo indebido conduce a malos hábitos. La práctica de lo perfecto conduce a una acción perfecta. Asegúrese de que cualquier cosa que haga con regularidad sea justa y correcta.

TERCERA PARTE:
UNA MIRADA HACIA ARRIBA

DESE TIEMPO CADA DÍA PARA VER LA GRANDEZA DE DIOS

¿Quién es Dios? ¿A qué se parece su personalidad? ¿Cuáles son los rasgos de su carácter?

Según la Biblia Él es eterno, justo, amante, santo, divino, omnisciente, omnipotente, omnipresente y soberano. Es luz, perfección, abundancia, salvación, sabiduría y amor. Es el Creador, el Salvador, el Libertador, el Redentor, el Proveedor, el Sanador, el Abogado y el Amigo. Nunca olvide quien vive dentro de usted: «*Jehová es Dios grande, y Rey grande sobre todos los dioses*» (Salmos 95.3).

Juan, el discípulo amado, nos dice: «*Hijitos, vosotros sois de Dios, y los habéis vencido; porque mayor es el que está en vosotros, que el que esté en el mundo*» (1 Juan 4.4). Punto. Signo de admiración. ¡Eso lo dice todo!

Dios y el diablo no son iguales, sólo opuestos.

Viajo bastante a menudo en avión, y uno de los beneficios es que cada vez que vuelo consigo una mirada de la perspectiva de Dios. Me gusta mirar mis problemas desde diez mil metros de altura. **Ningún problema es demasiado grande para la intervención de Dios, y nadie es demasiado pequeño para la atención de Dios.**

Dios siempre puede. Si usted no necesita milagros, no necesita a Dios. Mi amigo Dave Bordon dijo: «No entiendo la situación, pero entiendo a Dios».

El reino milagroso de Dios tiene que ver con la multiplicación, no con la adición.

Dios compara nuestra vida en Él con la siembra y la cosecha. ¿Se da cuenta cuán milagroso es eso? Permítame darle un ejemplo conservador: suponga que un grano de maíz produce una cosecha de dos mazorcas. Cada mazorca tiene doscientos granos. De esos cuatrocientos granos vienen cuatrocientas cosechas con ciento sesenta mil granos. Todo de un solo grano de maíz plantado sólo una temporada anterior.

Nuestra confesión al Señor debe ser la de Jeremías 32.17: «*¡Oh Señor Jehová! He aquí que tú hiciste el cielo y la tierra con tu gran poder, y con tu brazo extendido, ni hay nada que sea difícil para ti*».

Dios es más grande que _____.
Llene el espacio con su propia experiencia.

LAS IDEAS SE PIERDEN
PERO LA DIRECCIÓN PERMANECE

¿Cómo sabe la diferencia entre lo que viene a su mente y la dirección de Dios? Hay persistencia en la dirección. La Biblia dice en Proverbios 19.21: *«Muchos pensamientos hay en el corazón del hombre; mas el consejo de Jehová permanecerá».* El Señor promete en Salmos 32.8: *«Te haré entender, y te enseñaré el camino en que debes andar; sobre ti fijaré mis ojos».*

Cuando sabemos lo que Dios quiere de nosotros, tenemos plena confianza en que está bien lo que intentamos hacer y en que Dios está de nuestro lado. La dirección es simplemente un arroyo con orillas. Y mientras este más lejos nos conduzca, la dirección será más significativa porque Dios está en ella.

La dirección es un asunto de hechos; las ideas son asunto de opinión. Una característica de la dirección de Dios es que sin Él siempre será humanamente imposible seguirla y cumplirla.

La dirección es la madre de la inconformidad divina. Debemos tener cierta incomodidad divina todo el tiempo. Esta es una sensación de que Dios quiere dirigirnos todos los días; una inquietud en nuestros corazones que nos hace espiritualmente insatisfechos tanto de lo que hacemos para Dios como de nuestra situación en Él. A los creyentes se nos debe identificar como un pueblo con misión. El evangelista R.W. Schambach dice: «Cuando seas llamado actúa, no eches a correr». Somos un pueblo con un propósito, no con un problema.

Dios siempre nos llama para algo y nos saca de algo. El apóstol Pablo escribe en Colosenses 1.12, 13:

«Con gozo dando gracias al Padre que nos hizo aptos para participar de la herencia de los santos en luz; el cual nos ha librado de la potestad de las tinieblas, y trasladado al reino de su amado Hijo».

Asegúrese de buscar las áreas, tanto de las que Dios le pide que salga como a las que le pide que vaya. Hay también una diferencia entre la voluntad de Dios en nuestra vida y la voluntad de Dios para nuestra vida. Su voluntad para nuestra vida es lo que Él quiere para cada uno: salvación, fortaleza, salud, paz, gozo, etc. Sin embargo, la voluntad de Dios en nuestras vidas es única para cada uno. A alguien le puede llamar a vivir siempre en un mismo lugar, mientras que a otro a mudarse seis veces en diez años.

No tenga temor a la luz de la dirección de Dios. Maurice Freehill dijo: «¿Quién es más tonto, el niño que teme a las tinieblas o el hombre que teme a la luz?» Sepa esto: dondequiera que Dios guía, Él provee. Y donde Dios llama, Él honra y unge para hacer el trabajo. Aprópiese de esas persistentes direcciones en su vida, y aproveche el poder de la voluntad de Dios para usted.

Gema # 40

RETROCEDA PARA AVANZAR

A veces lo más importante y urgente que podemos hacer es apartarnos a algún lugar de paz e inspirador.

Este es uno de los conceptos más poderosos que personalmente he incorporado a mi vida. Ahora mismo estoy sentado escribiendo este libro en una cabaña que tiene la vista a un hermoso lago, a muchos kilómetros de la ciudad más cercana.

Si nos apartamos por algún tiempo podemos ver y oír mucho más claramente cómo seguir adelante. Jesús hizo esto muchas veces durante su vida terrenal, especialmente antes y después de tomar grandes decisiones. La Biblia dice: «*En descanso y en reposo seréis salvos; en quietud y en confianza será vuestra fortaleza*» (Isaías 30.15). Hay algo fortificante y renovador en retirarse a un lugar tranquilo de descanso y de paz. El silencio es un medio en el que nacen grandes ideas. En realidad hay momentos en que usted no debe ver a nadie, momentos estos en los que debe concentrar toda su atención en Dios. Creo que cada uno debe tener un lugar de refugio fuera del ámbito normal de la vida, un lugar en el que pueda «retroceder para avanzar» y «concentrarse» sólo en el Señor y en sí mismo.

Es importante asociarnos intencionalmente, y con la frecuencia que sea posible, con nuestros más caros sueños. En Isaías 40.31 leemos: «*Pero los que esperan a Jehová tendrán nuevas fuerzas; levantarán alas como las águilas; correrán, y no se cansarán; caminarán, y no se fatigarán*». Aprenda a esperar en el Señor.

Haga una cita regular con usted mismo; será la más importante que pueda tener en el transcurso de una semana o de un mes. Decida retroceder para avanzar. Como resultado, vea con qué claridad avanza con Dios.

Es tan importante
saber lo que Dios no puede hacer,
como lo que puede hacer

1. Dios no puede mentir.
2. Dios no puede cambiar.
3. Dios no puede recordar nuestros pecados una vez que le hemos pedido perdón por ellos.
4. Dios no puede ser el autor de la confusión.
5. Dios no puede dejarnos u olvidarnos.
6. Dios no puede cambiar sus promesas.
7. Dios no puede revocar sus dones.
8. A Dios no se le puede agradar sin fe.
9. A Dios no se le puede derrotar.
10. Dios no puede ser demasiado grande para nuestros problemas.
11. Dios no puede ser demasiado pequeño para nuestros problemas.
12. Dios no puede preferir a una persona sobre otra.
13. Dios no puede romper su pacto.
14. Dios no puede revocar su llamamiento.
15. Dios no puede ser injusto.
16. Dios no puede hacer nada contrario a las Escrituras.
17. Dios no puede bendecir una mentira.
18. Dios no puede amar al pecado.

19. Dios no puede dar nada a un hombre de doble ánimo.
20. A Dios no se le puede forzar a una situación imposible.
21. Dios no puede desoír las alabanzas de su pueblo.
22. Dios no puede ser nuestro problema.
23. A Dios no lo puede vencer el mundo.
24. Dios no puede llegar tarde.
25. Dios no puede ser neutral.
26. Dios no puede ser débil.
27. Dios no puede bendecir la duda.
28. Dios no puede negar la sabiduría a quienes la piden con fe.
29. Dios no puede estar contra nosotros.
30. A Dios no se le puede limitar ni confinar.

DECÍDASE HACER ALGO Y EJECÚTELO, NO PIERDA TIEMPO EN PALABRERÍAS

Actuar de acuerdo a la voluntad de Dios es como montar en bicicleta: ¡si no continúa, se cae!

Una vez que sabemos la voluntad y el tiempo de Dios debemos obedecer y actuar instantáneamente. La demora y la vacilación ante lo que Dios nos ordena hacer de inmediato son pecados. Mientras más tiempo tardemos en actuar en lo que Dios quiere que hagamos, menos claras serán sus instrucciones. Debemos asegurarnos de estar en la autopista de Dios, y no en un callejón sin salida.

El nuestro es un Dios de velocidad. Es un Dios de tiempo y dirección. Estos dos siempre van unidos. No es sabio actuar sólo de acuerdo con el uno o con el otro. Saltar a la primera oportunidad rara vez nos lleva a un aterrizaje feliz. Proverbios 25.8 nos dice: «*No entres apresuradamente en pleito, no sea que no sepas qué hacer al fin, después que tu prójimo te haya avergonzado*». Un famoso dicho sostiene que las personas se pueden dividir en tres categorías: 1) quienes hacen que las cosas sucedan, 2) quienes observan que las cosas suceden, y 3) quienes se preguntan qué sucede. Aun la dirección correcta tomada en el tiempo indebido es una mala decisión.

La mayor parte de las personas se pierden lo mejor de Dios en su vida porque no están preparadas. La Biblia nos advierte que debemos prepararnos continuamente. El apóstol Pablo nos exhorta: «*A tiempo y fuera de tiempo*» (2 Timoteo 4.2).

Hay un tiempo para Dios. En Eclesiastés 3.1 leemos: «*Todo tiene su tiempo, y todo lo que se quiere debajo del cielo tiene su hora*». Todo aquello en lo que estamos involucrados tendrá una primavera (tiempo de plantar y regar), un verano (tiempo de crecer), un otoño (tiempo de cosechar) y un invierno (tiempo de decidir y planear).

Relájese. Perciba, entienda y acepte el tiempo y la dirección de Dios.

LA BIBLIA ES UN LIBRO DE MANDAMIENTOS, NO DE SUGERENCIAS

La Biblia no ofrece sugerencias; nos ordena:

1. Tener buena relación con nuestros hermanos (Mateo 5.24).
2. Seguir la regla de la paz (Colosenses 3.15).
3. No «desquitarnos» (1 Tesalonicenses 5.15).
4. Ser un ejemplo para otros (1 Timoteo 4.12).
5. Estar firmes y constantes (1 Corintios 15.58).
6. Renovar nuestras mentes (Romanos 12.2).
7. Separarnos de lo inmundo (2 Corintios 6.17).
8. Estar contentos con lo que tenemos (Hebreos 13.5).
9. Estar llenos del Espíritu Santo (Efesios 5.18).
10. No tener temor de lo que el hombre pueda hacernos (Lucas 12.4).
11. No ser como el mundo (Romanos 12.2).
12. Evitar la avaricia y la envidia (Hebreos 13.5).
13. Ser pacientes con todos (1 Tesalonicenses 5.14).
14. No desistir (2 Tesalonicenses 3.13).
15. Ser personas de calidad (Hebreos 6.12).
16. Cuidarnos de los falsos profetas (Mateo 7.15).
17. Evitar las malas conversaciones (1 Timoteo 6.20).
18. No apagar al espíritu (1 Tesalonicenses 5.19).
19. Abstenernos de los deseos carnales (1 Pedro 2.11).

20. Enseñar a nuestros hijos acerca del Señor (Efesios 6.4).
21. Echar todas nuestras cargas sobre el Señor (1 Pedro 5.7).
22. Evitar las murmuraciones y contiendas (Filipenses 2.14).
23. Dar gracias por todo (1 Tesalonicenses 5.18).
24. No dar lugar al diablo (Efesios 4.27).
25. No contristar al Espíritu Santo (Efesios 4.30).
26. Honrar a nuestros padres (Efesios 6.2; Mateo 5.16).
27. Someternos a Dios (Santiago 4.7).
28. Dejar que los hombres vean nuestras buenas obras (Mateo 5.16).
29. Resistir al diablo (Santiago 4.7).
30. Ponernos toda la armadura de Dios (Efesios 6.11).
31. Humillarnos (Santiago 4.10).
32. Caminar en el Espíritu (Gálatas 5.25).
33. Desechar las vanas imaginaciones (2 Corintios 10.5).
34. Llegar confiadamente a Dios (Hebreos 4.16).
35. Buscar el reino y la justicia de Dios (Mateo 6.33).
36. No dejar de reunirnos (Hebreos 10.25).
37. Mirar a Jesús (Hebreos 12.2).
38. Estar de acuerdo en la fe (Mateo 18.19).
39. No ser tropiezo para otros (Romanos 14.13).
40. Bendecir a quienes nos persiguen (Mateo 5.44).
41. Redimir el tiempo (Efesios 5.16).
42. No avergonzarnos de Jesús (Romanos 10.11).
43. Tener confianza en Dios (Hebreos 10.35).
44. Adorar decentemente y en orden (1 Corintios 14.40).
45. Hacer todo para la gloria de Dios (1 Corintios 10.31).

Gema # 44

El llamado de Dios se oye, no se ve

Sólo porque se presenta una oportunidad para la que estamos calificados no necesariamente quiere decir que la voluntad de Dios es que la aceptemos. Muchas veces las circunstancias se pueden «alinear» y hacer que todo parezca bueno, sin embargo dar la impresión de que no es correcto. En tales casos debemos oír a Dios. Por eso decimos que la dirección divina realmente se oye y no se ve. Los cristianos debemos estar más interesados en lo que no se ve que en lo visible.

La única manera segura de decidir en qué dirección ir es aprender a distinguir entre las voces que oímos. Hay tres clases de voces: la de Dios, la nuestra y la del diablo. Debemos aprender a distinguir entre las tres.

Debemos eliminar todas las áreas nebulosas de nuestra vida. Esta es la clave para ver y pensar con claridad. Es muy peligroso manejar en medio de la niebla, especialmente si es espiritual.

Los creyentes debemos edificar de acuerdo a lo que oímos en nuestro interior, no de acuerdo a lo que vemos en el exterior. Hay una gran diferencia entre tener capacidad para hacer algo y recibir llamamiento y unción para hacerlo. Cuando usted se sienta en la iglesia puede ver a alguien con habilidad para cantar, pero esa no necesariamente es una evidencia de que Dios llama a esa persona para ser cantante. Un don no es un llamado.

No sugiero que Dios no nos ordena usar la capacidad de hacer algo cuando la tenemos. Pero la capacidad no debe ser el único criterio para decidir si vamos o no a tomar una decisión particular. Dios no sólo nos da un mapa de caminos, sino que también nos proporciona señales de dirección, señales de información, vehículo, combustible y el tiempo necesario para llegar a destino.

Debemos ser sensibles a lo que hay en lo que no se ve. Muchos han caminado por encima de ricos pozos de petróleos o vetas de oro sin darse cuenta de lo que había debajo de sus pies. Su visión fue muy limitada. Vieron sólo el terreno, no el tesoro escondido en él.

Mire más allá de lo que ve con los ojos naturales. Escuche con los oídos espirituales. Mantenga dispuesta su antena para recibir la dirección perfecta de Dios en su vida.

Gema # 45

Es más valioso
buscar la presencia de Dios
que buscar sus regalos

La Biblia nos muestra cuatro beneficios de buscar la presencia de Dios:

El primero es el gozo. En Salmos 16.11, el salmista dice del Señor: «*Me mostrarás la senda de la vida; en tu presencia hay plenitud de gozo; delicias a tu diestra para siempre*». No podemos dejar de experimentar gran gozo en nuestra vida cuando estamos en la presencia del Señor.

Un segundo beneficio en buscar la presencia de Dios es que Él provee gran luz. En Salmos 89.15 leemos: «*Bienaventurado el pueblo que sabe aclamarte; andará, oh Jehová, a la luz de tu rostro*». Donde está Dios hay gran iluminación. Invite y lleve la presencia del Señor a cualquier área confusa de su vida en la que tenga dificultades. Si tiene problemas en su trabajo, lleve la presencia de Dios a él. Si tiene dificultades en su hogar, lleve la presencia de Dios a él. La simple presencia de Dios le iluminará y hará que las tinieblas se alejen. Esto dará gran luz a su camino.

Un tercer beneficio de buscar la presencia de Dios es obtener su divina protección. Salmos 31.20 dice: «*En lo secreto de tu presencia los esconderás de la conspiración del hombre; los pondrás en un tabernáculo cubierto de contención de lenguas».* Gracias a Dios por su divina protección y por ser refugio para nuestra vida. Todos necesitamos un escondite, un lugar de seguridad y refugio. La presencia del Señor provee ese escondite para librarnos del hombre y de sus palabras vanas contra nosotros. Si usted tiene problemas con lo que otros dicen, lleve la presencia de Dios a esas circunstancias. Si trabaja en una atmósfera negativa en que le afecta lo que los demás dicen o hacen, lleve la presencia de Dios a esa situación. Él será un refugio, un escondite para usted.

El cuarto beneficio de buscar la presencia de Dios se encuentra en 1 Juan 3.19: *«Y en esto conocemos que somos de la verdad, y aseguraremos nuestros corazones delante de Él».* Hay gran paz y descanso en la presencia de Dios. El malestar, el nerviosismo, la ansiedad y la inquietud huyen de la presencia del Señor.

Invite la presencia de Dios dondequiera que se encuentre. Él acampará a su alrededor cada minuto, y estará con usted en todas las situaciones de la vida. En su presencia encontrará gran gozo, luz, protección divina, paz y descanso.

Cuando la sabiduría reina, se derrama

Debemos esperar que Dios nos dé sabiduría. La Biblia dice en Santiago 1.5: «*Y si alguno de vosotros tiene falta de sabiduría, pídala a Dios, el cual da a todos abundantemente y sin reproche, y le será dada*».

Si ha escuchado la voz de Dios, ha oído su sabiduría. Gracias a Dios por su poderosa sabiduría. Nos abre un pasaje a través de las más firmes barreras.

La sabiduría ve todo desde la perspectiva de Dios. Es saber cuándo y cómo usar el conocimiento que viene del Señor. El viejo proverbio es verdadero: «Quien no sabe nada, no duda nada». Pero también es cierto que quien sabe tiene una base sólida para su fe.

Piense en que los seres humanos tenemos a nuestra disposición la sabiduría del Creador del universo. Sin embargo, **muy pocos beben de la fuente de su sabiduría, la mayoría sólo enjuagan la boca.** Muchos tratan de vivir sin la sabiduría del pan de vida, pero mueren en el esfuerzo.

El mundo no gasta billones de dólares en sabiduría. Gasta billones buscando la sabiduría. Sin embargo, esta se encuentra a disposición de cualquiera que busque su divina fuente.

Existen diez pasos para obtener la sabiduría divina:

1. Tema a Dios (Salmos 111.10).
2. Agrade a Dios (Eclesiastés 2.26).
3. Oiga a Dios (Proverbios 2.6).
4. Mire a Dios (Proverbios 3.13).
5. Escoja el camino de Dios (Proverbios 8.10, 11).
6. Sea humilde delante de Dios (Proverbios 11.2).
7. Acepte el consejo de Dios (Proverbios 13.10).
8. Reciba la corrección de Dios (Proverbios 29.15).
9. Ore a Dios (Efesios 1.17).
10. Conozca al Hijo de Dios (1 Corintios 1.30).

Somos más altos
Cuando estamos arrodillados

La más firme acción que puede tomar en cualquier situación es arrodillarse y pedir la ayuda de Dios. Si hay algo de lo que vale la pena preocuparse es ciertamente del valor de la oración. La oración abre el cofre del tesoro que contiene las grandes ideas de Dios.

Le brindaré una de mis oraciones favoritas. Tiene sólo una palabra: *socorro*.

«¡Socorro, socorro, socorro!»

Cuando oramos debemos simultáneamente desear apropiarnos de la respuesta de Dios a nuestra oración.

Hay cuatro niveles de oración:

El nivel # 1 es de petición: «Padre, necesito...»

El nivel # 2 es de intercesión: «Dios, ayuda...»

El nivel # 3 es de alabanza y acción de gracias: «¡Gracias, Señor!»

El nivel # 4 es de conversación: «Buenos días, Padre».

El apóstol Pablo nos aconseja en Filipenses 4.6, 7: «*Por nada estéis afanosos, sino sean conocidas vuestras peticiones delante de Dios en toda oración y ruego, con acción de gracias. Y la paz de Dios, que sobrepasa todo entendimiento, guardará vuestros corazones y vuestros pensamientos en Cristo Jesús».* En Colosenses 4.2 dice: «*Perseverad en la oración, velando en ella con acción de gracias».*

Hay doce beneficios en la oración:

1. La oración derrota al diablo (Mateo 18.18).
2. La oración salva al incrédulo (Hechos 2.21).
3. La oración edifica al creyente (Judas 20).
4. La oración envía obreros a la mies (Mateo 9.38).
5. La oración cura al enfermo (Santiago 5.13-15).
6. La oración vence lo imposible (Mateo 21.22).
7. La oración cambia lo natural (Santiago 5.17, 18).
8. La oración hace que suceda lo bueno (Mateo 7.7-11).
9. La oración imparte sabiduría (Santiago 1.5).
10. La oración trae paz (Filipenses 4.5-7).
11. La oración nos libra de la tentación (Mateo 26.41).
12. La oración revela las respuestas de Dios (Lucas 11.9, 10).

SI OYE, SABE QUÉ MÚSICA SUENA; SI ESCUCHA, SABE LO QUE DICE LA CANCIÓN

Saber escuchar es una de las habilidades menos desarrolladas entre los seres humanos. Hay realmente dos clases diferentes de escuchar: el escuchar natural en interacción con otros y el escuchar espiritual a la voz de Dios.

Se dice: «El hombre nace con dos oídos y con una sola lengua, lo que indica que debe escuchar dos veces más de lo que habla». En la comunicación natural, los líderes siempre monopolizan el escuchar. **Lo que aprendamos de alguien será siempre una recompensa mayor que lo que le diríamos de nosotros mismos.** Debemos aprender a escuchar y a observar agresivamente. Debemos esforzarnos arduamente para escuchar de verdad, y no sólo para oír.

En relación con el escuchar espiritual, Proverbios 8.34, 35 cita a la sabiduría que dice:

Bienaventurado el hombre que me escucha, velando a mis puertas cada día, aguardando a los postes de mis puertas. Porque el que me halle, hallará la vida, y alcanzará el favor de Jehová.

Al escuchar se obtiene gran sabiduría y favor.

Proverbios 15.31 dice: «*El oído que escucha las amonestaciones de la vida, entre los sabios morará*». Escuchar nos permite mantener un espíritu dócil y aumenta nuestra «educabilidad». Quienes nos reprenden constructivamente son de gran bendición para nosotros.

La Biblia nos enseña que debemos ser rápidos para escuchar y lentos para hablar (Santiago 1.19). Nunca debemos escuchar de manera pasiva, especialmente a Dios. Si nos negamos a oír, puede ocurrir en nuestra vida un endurecimiento. Se puede desarrollar callosidad. En Lucas 16.31, Jesús dijo de cierto grupo de personas: «*Si no oyen a Moisés y a los profetas, tampoco se persuadirán aunque alguno se levantare de los muertos*». Mientras menos queramos escuchar la voz de Dios, más endurecido y desafinado será nuestro oír.

Hay resultados del oír espiritual, como vemos en Lucas 8.15. Este pasaje nos relata la parábola del sembrador: «*Mas la que cayó en buena tierra, estos son los que con corazón bueno y recto retienen la palabra oída, y dan fruto con perseverancia*». La cosecha se asocia no sólo con la perseverancia y la buena semilla en terreno fértil, sino también con quienes oyen y retienen la Palabra de Dios.

Afine sus oídos naturales y espirituales para que escuche y aprenda.

Dios no es su problema, Él está de su lado

Hace algún tiempo fui a un restaurante mexicano de comida rápida. Mientras estaba en la fila esperando que me atendieran vi frente a mí a una anciana muy pobre que parecía desamparada. Cuando llegó su turno pidió un poco de agua y un taco. Sentado en una mesita cerca de ella no puede menos que observarla, y me dio compasión. Apenas había empezado a comer me levanté y le pregunté si podía comprar un poco más de comida para su almuerzo.

—¿Quién es usted? —preguntó muy enojada después de mirarme.

—Sólo alguien que quiere ayudarla —respondí.

Ella no me hizo caso. Terminé mi comida al mismo tiempo que ella, los dos nos levantamos para salir. Sentí que debía darle algo de dinero. En el estacionamiento me le acerqué y le ofrecí algo de dinero.

—Deje de molestarme —fue su única respuesta.

Entonces se fue malhumorada.

Inmediatamente el Señor me mostró que a menudo esta es la manera como muchos de nosotros le respondemos. Cuando nos llama, queriendo bendecirnos, actuamos como si ni siquiera supiéramos quién es Él.

Respondemos a su oferta de bendición preguntándole: «¿Quién eres tú? ¿Qué quieres de mí?» El Señor, siendo misericordioso como es, continúa tratando de bendecirnos. Sin embargo, reaccionamos diciéndole: «Deja de molestarme». Nos alejamos de Él como hizo esa señora, perdiendo las ricas bendiciones del Señor.

No es la ausencia de problemas lo que nos da paz. Es la presencia de Dios a nuestro lado en los problemas. En Mateo 28.20, Jesús envió a sus discípulos a todo el mundo, ordenándoles predicar el evangelio a toda criatura: «*Enseñándoles que guarden todas las cosas que os he mandado; y he aquí yo estoy con vosotros todos los días, hasta el fin del mundo*». En Romanos 8.38, 39, el apóstol Pablo escribe: «*Por lo cual estoy seguro de que ni la muerte, ni la vida, ni ángeles, ni principados, ni potestades, ni lo presente, ni lo por venir, ni lo alto, ni lo profundo, ni ninguna otra cosa creada nos podrá separar del amor de Dios, que es en Cristo Jesús Señor nuestro*». En el versículo 31 declara: «*¿Qué, pues, diremos a esto? Si Dios es por nosotros, ¿quién contra nosotros?*»

En Salmos 145.18 leemos: «*Cercano está Jehová a todos los que le invocan, a todos los que le invocan de veras*». Santiago 4.8 nos exhorta: «*Acercaos a Dios, y Él se acercará a vosotros*». En Hechos 17.28 Pablo habla: «*Porque en Él vivimos, y nos movemos, y somos*».

Gracias a Dios que podemos apoyarnos en su fidelidad eterna sin vacilación, con toda confianza.

APRENDA EL ALFABETO DEL ÉXITO

A Amor

B Bondad

C Creencia

D Dicha

E Entrega

F Fe

G Gratitud

H Honradez

I Inconformidad

J Juicio

L Liderazgo

M Metas

N Normas

O Obediencia

P Persistencia

R Rendición

S Sabiduría

T Tacto

U   Urbanidad

V   Visión

X   (E)xcelencia

Y   (A)yuda

Z   (Confian)za

LA MEDIDA DE UN HOMBRE
NO LA DA LO QUE HACE EL DOMINGO,
SINO LO QUE ES DE LUNES A SÁBADO

Usted no tiene que salirse del reino espiritual. Dios quiere tenga el resto de la semana la misma cercanía, fortaleza, gozo y dirección que experimenta el domingo. El diablo lo espera para asaltarlo apenas sale de la iglesia. Él quiere traer a su mente pensamientos de temor, duda, incredulidad y destrucción.

Por eso los creyentes debemos guardar nuestras mentes y corazones. Como criaturas espirituales caminamos por fe, no por vista (2 Corintios 5.7). Se nos ha ordenado vivir en el Espíritu, no en lo natural.

Una persona cuyos ojos, oídos y mente se dirigen hacia el mundo tendrá dificultad en oír la voz de Dios. El Señor le quiere hablar a usted en el trabajo, a la hora de almuerzo, en el juego, dondequiera que vaya. No ha sido en mi rincón de oración en que me han llegado algunas de mis mayores revelaciones, sino más bien en medio de mi vida normal diaria.

Nuestro ser interior siempre quiere, pero nuestro ser natural se resiste. Eso es lo que Jesús quiso decir cuando habló a sus discípulos: «Velad y orad, para que no entréis en tentación; el espíritu a la verdad está dispuesto, pero la carne es débil» (Mateo 26.41).

La ventaja de vivir y caminar en el Espíritu es que nos mantiene en el camino correcto. En Gálatas 5.16-18 el apóstol Pablo escribe: «*Digo, pues: Andad en el Espíritu, y no satisfagáis los deseos de la carne. Porque el deseo de la carne es contra el Espíritu, y el del Espíritu es contra la carne; y estos se oponen entre sí, para que no hagáis lo que quisiereis. Pero si sois guiados por el Espíritu, no estáis bajo la ley*».

Gracias a Dios que nuestra relación con Él no es una «aventura pasajera», es una «unión eterna». Dicho según las palabras del viejo himno: «Me guía Él, con cuánto amor, me guía siempre mi Señor».

DIOS LO USARÁ EXACTAMENTE
DONDE USTED ESTÁ AHORA

Usted no tiene que hacer nada para que Dios empiece a usarlo hoy. No tiene que leer otro libro, escuchar otra cinta, aprender de memoria otra cita bíblica, plantar otra semilla de talento ni repetir otro credo o confesión. Ni siquiera debe asistir a otra iglesia antes de que Dios empiece a usarlo.

Dios usa los vasos que quiere, no necesariamente a los vasos rebosantes. Vemos a través de la Biblia que Dios usó muchas personas de diferente condición para cumplir sus planes en la tierra:

1. Mateo, un empleado de gobierno que llegó a ser un apóstol.
2. Gedeón, un obrero común que llegó a ser un valiente líder.
3. Jacob, un suplantador cuyo nombre se convirtió en Israel.
4. Débora, una ama de casa que llegó a ser jueza.
5. Moisés, un tartamudo que se convirtió en libertador.
6. Jeremías, un niño que habló sin temor la palabra del Señor.
7. Aarón, un sirviente que llegó a ser vocero de Dios.
8. Nicodemo, un fariseo que se convirtió en defensor de la fe.

9. David, un joven pastor que llegó a ser rey.
10. Oseas, un marido fracasado que profetizó para salvar a Israel.
11. José, un prisionero que se convirtió en primer ministro.
12. Ester, una huérfana que llegó a ser reina.
13. Elías, un hombre hogareño que se convirtió en poderoso profeta.
14. Josué, un siervo que llegó a ser conquistador.
15. Santiago y Juan, pescadores que se convirtieron en discípulos íntimos de Cristo, y fueron conocidos como «hijos del trueno».
16. Abraham, un nómada que llegó a ser el padre de muchas naciones.
17. Pedro, un comerciante que llegó a ser la roca sobre la cual Cristo edificaría su Iglesia.
18. Jacob, un refugiado que se convirtió en padre de las doce tribus de Israel.
19. Juan el Bautista, un trotamundos que llegó a ser el precursor de Jesús.
20. María, una virgen desconocida que dio a luz al Hijo de Dios.
21. Nehemías, un fabricante de copas que construyó el muro de Jerusalén.
22. Sadrac, Mesac y Abed-nego, hebreos exiliados que llegaron a ser grandes líderes de la nación de Babilonia.
23. Ezequías, hijo de padre idólatra que se convirtió en un rey renombrado por hacer lo recto a los ojos de Dios.
24. Isaías, un hombre de labios inmundos que profetizó el nacimiento del Hijo de Dios.

25. Pablo, un perseguidor que llegó a ser el más grande misionero de la historia y autor de dos tercios del Nuevo Testamento.

¡Todo lo que Dios necesita usar de usted es a usted en su totalidad!

UN MENSAJE FINAL

Sea la persona íntegra que Dios lo llamó a ser. No se conforme con menos. No mire atrás. Mire adelante y decida ahora caminar hacia el plan del Señor para su vida.

Recuerde: *«Fiel es el que os llama, el cual también lo hará»* (1 Tesalonicenses 5.24).

John Mason es el fundador y presidente de Insight International, un ministerio dedicado a proporcionar excelencia y eficiencia a empresas y ministerios cristianos. A lo largo y ancho de los Estados Unidos, varios centenares de ellos se han beneficiado de sus consejos. El ministerio de John Mason exhorta a los creyentes a ejercer todos sus dones y talentos mientras cumplen por completo el plan de Dios para su vida. Es también autor de varios manuales de liderazgo y series de casetes. Ostenta el grado de Bachiller en Ciencias de la Administración de Empresas en la Universidad Oral Roberts.

Tiene también el llamamiento y una poderosa unción para predicar y ministrar en iglesias, organizaciones de damas y caballeros, y a otros grupos cristianos.

John tuvo la bendición de crecer en el hogar cristiano de sus padres Chet y Lorene Mason, en Fort Wayne, Indiana. Él, su esposa Linda, y sus cuatro hijos Michelle, Greg, Mike y David residen en Tulsa, Oklahoma.